D1620547

Jane Addams Zentrum e.V.

NEUE
ALTE
HEIMAT

PORTRÄT EINER
SOZIALEN SIEDLUNG

BoD – Books on Demand, Norderstedt

Bibliografische Information der Deutschen Nationalbibliothek:
Die Deutsche Nationalbibliothek verzeichnet diese Publikation in der
Deutschen Nationalbibliografie; detaillierte bibliografische Daten sind im
Internet über http://dnb.dnb.de abrufbar.

München 2017

Hrsg.: Jane Addams Zentrum e.V.

Herstellung und Verlag: BoD – Books on Demand, Norderstedt

Umschlaggestaltung, Satz und Layout: Lena Kruse

ISBN: 9783746010984

Mit freundlicher Unterstützung des Bezirksausschuss 25 München Laim

Vorab...

Anmerkungen

Wo Frauen, Männer und diejenigen gemeint sind, die sich keinem der Geschlechter zugehörig fühlen, wollen wir alle nennen. Für einen besseren Lesefluss haben wir uns für den „Gender-Gap" entschieden und sämtliche Texte angepasst. Ausgenommen davon sind Zitate.

Die Beiträge in diesem Buch geben die Meinung der jeweiligen Verfasser_in oder Gesprächspartner_in wieder.

Wir bedanken uns bei allen, die dazu beigetragen haben, dass dieses Buch entstehen konnte. Wir konnten nicht alle Personen, die das Zusammenleben in der Alten Heimat bereichern, vorstellen, aber auch ihnen gilt unser Dank für ihren Einsatz für die Alte Heimat.

Die Herausgeberinnen

NEUE ALTE HEIMAT
PORTRÄT EINER SOZIALEN SIEDLUNG

Ziel ist es, den Wohnraum der dort lebenden Menschen zu verbessern, langfristig zu sichern und dabei den besonderen Charakter der Siedlung zu bewahren.

Dieter Reiter
Oberbürgermeister

 Landeshauptstadt
München
Oberbürgermeister

Grußwort des Oberbürgermeisters

Die Siedlung „Alte Heimat" ist in die Jahre gekommen. Sie stammt aus den 1960er Jahren und wurde damals für Münchnerinnen und Münchner errichtet, die während des Krieges ihre Häuser verlassen haben müssen. In den letzten Jahren hatte sich der bauliche Zustand der Wohnanlage immer mehr verschlechtert. Mit tatkräftiger Unterstützung durch die Leitung des Jane Addams Zentrums engagieren sich die Mieterinnen und Mieter daher schon seit Längerem sehr beherzt für eine umfassende Sanierung ihrer Stiftungssiedlung, die jetzt auch mit staatlichen Fördermitteln durchgeführt werden kann.

Bereits im Juli 2015 hat der Münchner Stadtrat dazu ein städtebauliches Entwicklungskonzept beschlossen, das die GEWOFAG und das Kommunalreferat der Stadt gemeinsam mit dem Arbeitskreis Alte Heimat erarbeitet hatten. In einem ersten Schritt werden nun die wichtigsten Reparaturen und Instandsetzungen durchgeführt. Die ersten Neubauten entstehen voraussichtlich ab dem kommenden Jahr. Bereits ab 2023 – und damit zwei Jahre früher als ursprünglich geplant – sollen die Arbeiten dann abgeschlossen sein. Die neu geschaffenen Wohnungen werden barrierefrei, größer und viele davon familiengerecht sein. Neben einem Quartierstreff ist auch die Errichtung einer Kita geplant – ein wichtiges Projekt für das mit Betreuungsplätzen bislang unterversorgte Laim. Sogar die großzügigen Grünanlagen bleiben weitgehend erhalten.

Ziel ist es, den Wohnraum der dort lebenden Menschen zu verbessern und langfristig zu sichern und dabei den besonderen Charakter der Siedlung zu bewahren. Stadt und GEWOFAG liegt es daher auch am Herzen, die baustellenbedingten Beeinträchtigungen und die Belastungen der zwischenzeitlichen Umsiedlungen so gering wie möglich zu halten. Ich danke schon heute allen Bewohnerinnen und Bewohnern sehr herzlich für ihr Verständnis. Ganz besonders danke ich auch dem Alte Heimat Arbeitskreis AHA für die gute Zusammen-arbeit und wünsche den Sanierungs- und Neubaumaßnahmen einen erfolgreichen Verlauf.

Vorwort der Projektleitung

Vor etwa einem Jahr bekam ich die Gelegenheit die Siedlung Alte Heimat in München-Laim kennenzulernen. Sie ist eine besondere Siedlung, die doch nicht sonderlich bekannt ist. Sie ist eine Siedlung, die einen tief solidarischen Kern hat, der sich bereits zu ihrer Gründung in den 1950er Jahren bildete. Über Spendengelder aus der Münchner Bürgerschaft und der Stadt München, konnten damals Wohnungen gebaut werden, die die Rückkehr im zweiten Weltkrieg ausgebombter Münchner ermöglichten. - Wussten Sie, dass die Stars in der Manege aus einer Wohltätigkeitsgala für diesen Zweck entstand? - Hier zeigt sich bereits der Vorbildcharakter der Siedlung, für solidarisches Handeln.

Mit der Übernahme der Verwaltungsaufgaben der Stadt, durch die GEWOFAG, folgten Maßnahmen zur längst fällig gewordenen Modernisierung der Wohnanlage. Mit dem steigenden Wohnungsdruck, dem sich auch die Stadt München massiv ausgeliefert sieht, folgten zudem Überlegungen zu einer Nachverdichtung der großzügig angelegten Siedlungsstruktur. Durch die der Stiftung zugrundeliegenden Satzung, traten einige Komplikationen auf. Unklarheiten lösten Unruhen unter der Bewohnerschaft aus. Durch die Initiative einiger Mieter_innen und schließlich dem Aufbau der besonderen Kommunikation zwischen allen Beteiligten, konnte begonnen werden, diese Probleme zu überwinden.

So, wie die Siedlung von dem Zusammenleben und der Zusammenarbeit von Bewohner_innen, sozialen Einrichtungen, der städtischen Verwaltung und Stadtpolitik lebt, so ist auch dieses Buch aus der gemeinschaftlichen Arbeit entstanden. Es ist ein Konglomerat aus Berichten der Bewohner_innen, der Mitarbeiter_innen von in der Siedlung tätigen sozialen und verwaltenden Einrichtungen.

Bei meiner Arbeit im Bereich der Landschaftsarchitektur und -planung, lernte ich, stets ein Augenmerk auf die Zusammenhänge einer Gesellschaft zu legen. Entwürfe basierten auf einer ausführlichen Analyse der Gegebenheiten im Kontext Stadt-Land-Mensch. Mit einem Entwurf müssen sehr oft die Interessen vieler, die des Gemeinwohls, vertreten, und in der Planung und Ausführung politische, ökologische und ökonomische Interessen berücksichtigt werden. Um dies zu ermöglichen ist eine interdisziplinäre Zusammenarbeit unabdingbar.

An der Siedlung Alte Heimat, interessierte mich, zu Beginn, vor allem die Einbindung der Bewohner_innen in Planungsprozesse. Die Arbeitsgruppe aus ehrenamtlichen Bewohner_innen, in Begleitung von Gemeinwesenarbeit mit dem Ansatz des Community Organizing, hat mich dabei fasziniert. Diese Arbeit, die sich mit dem Ziel der Vertretung aller Siedlungs-Bewohner_innen, wieder auf das Prinzip der Solidarität und die Prinzipien der Demokratie beruft, verdienen in meinen Augen eine genauere Betrachtung.

Im Laufe des Projektes habe ich die Siedlung nicht nur als ein Beispiel für soziale Wohnprojekte, sondern auch als ein Vorzeigebeispiel für die Kommunikation zwischen Bewohner_innen, Sozialen Einrichtungen, Stadt, Planer_innen und Architekt_innen erkennen können. – Eine Form der Kommunikation, die in einer modernen, zukunftsorientierten Demokratie in vielen Bereichen weiter ausgebaut werden sollte.

Dieses Buch ist, im besten Fall, ein Beitrag zur Kultivierung des Wissens über soziale Strukturen und wechselwirkendes Verständnis, sowie ein Beispiel für gelungene Zusammenarbeit im Bereich des Wohnungswesens. In jedem Fall gibt es einen Einblick in eine besondere Siedlung.

Mit dem Buch richten wir uns insbesondere an:
. Bewohner_innen der Siedlung
. Politiker_innen und die kommunale Verwaltung
. Mitarbeitende in der öffentlichen Verwaltung
. Sozialarbeiter_innen
. Planer_innen und Architekt_innen
. Studierende dieser Fachrichtungen

Viel Spaß beim Blättern, Lesen, Suchen und Finden!

Lena Kruse, Buchprojektleitung

Eine Form der Kommunikation, die in vielen Bereichen weiter ausgebaut werden sollte!

Lena Kruse
Buchprojektleitung

Über den Herausgeber: Jane Addams Zentrum e. V.
Träger des Alte Heimat Treffs

Wir vom Jane Addams Zentrum e. V. (jaz), sind Berater_innen, Mediatorinnen, Supervisorinnen, Community Organizer und Ehrenamtliche aus der Arbeit mit Geflüchteten . jaz ist Mitglied im Paritätischen, einem Spitzenverband der Freien Wohlfahrtspflege.

Die Arbeit von Jane Addams (siehe Kasten) steht für unsere Vision einer Gesellschaft, zu der sich alle zugehörig fühlen und in der alle eine Stimme haben.

Satzungszweck ist „die Förderung des bürgerschaftliches Engagements, die Unterstützung von Geflüchteten und ihre Befähigung zur Teilhabe am Gemeinwesen".

Bundespräsident Steinmeier zitierte zum Tag der Deutschen Einheit den Philosophen – und Migranten – Karl Jaspers: Heimat ist da, wo ich verstehe und verstanden werde.

Aus Erfahrung wissen wir, dass alle Menschen Mitbestimmungsmöglichkeiten und Solidarität brauchen, um eine Heimat, einen Platz in der Gemeinschaft zu finden und ihre Identität zu entwickeln. Ob dieses Bedürfnis verwirklicht werden kann, hängt häufig vom Bildungsgrad ab, vom Sprachniveau, vom Einkommen, von der Stellung in der Gesellschaft und auch von der Gesundheit.

In der Alten Heimat fanden wir viele Menschen vor, die nicht verstanden und nicht verstanden wurden: Hier leben Menschen, die mehrheitlich über 50 sind, etliche mit körperlichen oder geistigen Einschränkungen, und rund 100 junge Menschen mit Fluchthintergrund, die meisten mit einem sehr geringen Einkommen. Viele waren tief verunsichert, weil sie nicht wussten, wie es mit ihrem alten oder neuen Zuhause weitergehen würde, ob sie weiter hier wohnen könnten. Der Mangel an Information und an Gelegenheiten, sich miteinander zu solidarisieren und so eigene Sorgen und Wünsche an Entscheidungsträger_innen zu vermitteln hinderte sie daran, zu verstehen und verstanden zu werden.

jaz initiierte 2012 ein Community Organizing Projekt in der Alten Heimat, führte einen Zuhörprozess durch und rief eine Bewohner_innen Initiative, den Alte Heimat Arbeitskreis AHA, ins Leben.

Durch die Aktivierung der Siedlungsbewohner_innen, die nun Anträge an kommunale Entscheidungsgremien stellen und Ortsbesuche von Politiker_innen organisieren, wurde ihre Teilhabe an Entscheidungen über Sanierungs- und Baupläne möglich. Offene Monatstreffen sichern den Informationsfluss und erhöhen das Selbstbewusstsein der Teilnehmer_innen, Angebote wie die Fahrradwerkstatt, Café oder Computerkurs und ganz besonders regelmäßige Feiern und Feste stärken das Zugehörigkeitsgefühl zur Siedlung.

Hester Butterfield und Bettina Pereira,
Vorstand Jane Addams Zentrum e. V.

13

Mit dem vorliegenden Buch verfolgen wir drei Ziele:

- Wir möchten ein Zeitzeugnis über diese bemerkenswerte Siedlung, die vor großen Veränderungen steht, und ihre Menschen hinterlassen.

- Wir möchten das bisher Erreichte als Grundlage für die kommende Zusammenarbeit festhalten. Vieles ist schon erreicht, aber Verwaltungsstrukturen und Mitbestimmung von Bürger_innen stehen in einem ständigen Spannungsfeld, die Kooperation ist kein Selbstläufer, sondern muss ständig begleitet und aktiviert werden.

- Und schließlich hoffen wir, dass die Erfolgsgeschichte der Neuen Alten Heimat eine Inspiration sein kann für alle, die planen, bauen, beraten, betreuen, verwalten und wohnen.

Hester Butterfield und Bettina Pereira, Vorstand Jane Addams Zentrum e. V.

Jane Addams, 1860-1935, war Friedensaktivistin, Frauenrechtlerin, Vorkämpferin für Gewerkschaften. 1931 wurde ihr, als zweiter Frau überhaupt, der Friedensnobelpreis verliehen. Jane Addams gründete 1889 in Chicago das Siedlungshaus Hull House. Ihre Aufgabe sah sie darin, von den Stadtteilbewohner_innen zu lernen. Angebote, Kurse, Aktivitäten und soziale Forderungen wuchsen aus den Wünschen und Problemen, die die Stadtteilbewohner_innen vorbrachten.

Es gab keine Almosen oder karitativen Angebote. Wer kein Geld hatte, konnte durch Arbeit oder Ideen beitragen. Die Mitarbeiterinnen im Hull House führten Befragungen im Stadtteil durch, klopften an jeder Wohnungstür, erfuhren beispielsweise welche Krankheiten durch die schlechten Wohnbedingungen entstanden, was Kinderarbeit für soziale Probleme verursachte, wie stark sich Lebensqualität und Lebensbedingungen auf Entwicklungschancen auswirken. Auf der Grundlage dieser Informationen formulierten sie Forderungen an die Politik und Gesetzesentwürfe.

Durch Lobbyarbeit, der die eigene Forschung über die Auswirkungen von Armut zugrunde lag, erkämpfte Hull House -unter anderem- Gesetze gegen Kinderarbeit und die Inhaftierung von Kindern.

Der Mensch im Mittelpunkt
Kommunalreferent Axel Markwardt

Das Kommunalreferat ist das Immobilien- und Betriebsreferat der Stadt München. Zum einen verwalten wir einen Großteil der städtischen Gebäude. Zum anderen stellen wir der Münchner Stadtverwaltung für die unterschiedlichsten Zwecke Grundstücke zur Verfügung. Die Aufgaben der Betriebe des Kommunalreferats reichen von der Bewirtschaftung der städtischen Ackerflächen, dem Schutz und der Pflege der städtischen Waldgebiete, der zuverlässigen Müllentsorgung im gesamten Stadtgebiet, bis hin zur Versorgung der Münchner Bevölkerung durch Lebensmittel- und Wochenmärkte sowie die Großmarkthalle.

Dieses Kommunalreferat - für mich das spannendste Referat der gesamten Stadtverwaltung - darf ich seit 2012 als Referent leiten. Schon seit 2001 war ich als ständiger Vertreter der damaligen Referentin bei allen wichtigen Entscheidungen beteiligt. Ein Projekt, das mich seit Anfang an begleitet und das in dieser Zeit zu einer echten Herzensangelegenheit geworden ist, stellt die Zukunftssicherung und Sanierung der Jubiläumsstiftung „Alte Heimat" dar.

Es ist nicht zu übersehen: Seit ihrer Gründung 1959 ist die „Alte Heimat" in die Jahre gekommen. Gleichzeitig ist ihr Stiftungszweck – preisgünstigen Wohnraum für bedürftige, ältere sowie physisch und psychisch beeinträchtigte Menschen bereit zu stellen – in Zeiten von Wohnungsknappheit heute wichtiger denn je. Hier zeigt sich auch, wie weise die Entscheidung der Stiftungsgründer war, von Anfang an das Kommunalreferat als Verwalter einzusetzen.

*In der Alten Heimat steht
der Mensch im Mittelpunkt
– nicht die Rendite*

Axel Markwardt

Kommunalreferent

Denn für das Kommunalreferat, das als verlässlicher und ordentlicher Eigentümervertreter der Landeshauptstadt München fungiert, steht nicht die Rendite, sondern das Wohl der Bewohnerinnen und Bewohner im Vordergrund. So konnten wir mit großer Freude u. a. 2015 den zweiten, dringend benötigten Aufzug im Thomas-Wimmer-Haus einweihen.

Die Instandsetzung der Stiftungsgebäude am Kiem-Pauli-Weg läuft unter unserer Federführung und zusammen mit der GEWOFAG als Projektdienstleister auf Hochtouren. Der nächste Schritt wird der Beginn der ersten beiden Neubauabschnitte sein.

Zudem ist es uns gelungen, von der Regierung von Oberbayern über 80 Millionen Euro an Zuschüssen für die Instandsetzungs- und Neubaumaßnahmen zu erhalten. Damit baut das Kommunalreferat eine „Neue Alte Heimat" mit zukünftig mehr, zum Teil barrierefreiem Wohnraum – und das wie bisher, zu äußerst günstigen Mieten. Die Zukunft der „Alten Heimat" ist also in guten Händen!

Ohne Räume keine Träume
Leiter Amt für Wohnen und Migration Rudolf Stummvoll

Der folgende Text entstand aus einem Gespräch mit *Rudolf Stummvoll*.

Herr Stummvoll leitet seit knapp acht Jahren das Amt für Wohnen und Migration mit seinen 1200 Mitarbeiter_innen. Zuvor war er stellvertretender Amtsleiter, seit 17 Jahren ist er im Amt tätig, bereits 37 Jahre im Sozialreferat. Seine berufliche Erfahrung liegt insbesondere in den Bereichen Migration und Zuwanderung, sowie in der Wohnungslosenarbeit.

Die Aufgabe des Amts ist zum einen die Wohnraumversorgung für Menschen mit niedrigem bis mittlerem Einkommen. Der Schwerpunkt liegt dabei in der Vermittlung von Wohnraum, der Unterbringung von wohnungslosen Menschen (derzeit über 8500, davon knapp 2000 Kinder und Jugendliche) und in der Vermeidung von Wohnungslosigkeit. Bestehender Wohnraum soll gesichert und die Zweckentfremdung von Wohnraum verhindert werden. München verzeichnet einen rasanten Bewohner_innen-Zuwachs von 20.000 bis 30.000 Personen pro Jahr. Ursachen dafür liegen zum einen an einem Geburtenüberschuss, zum anderen sorgt vor allem der anhaltende Zuzug überwiegend von Bürger_innen aus dem EU-Ausland, aber auch von Flüchtlingen für diesen Zuwachs.

Zum anderen geht es um Migration und Integration. Eine der Grundaufgaben ist dabei die interkulturelle Öffnung der Verwaltung, eine weitere die Bereitstellung von Hilfen zur Integration. Derzeit sind etwa 80 Prozent der Wohnungslosen Migrant_innen, ein großer Teil davon mit Fluchthintergrund.

Aus den beiden Schwerpunktbereichen ergibt sich eine Schnittmenge. Die Alte Heimat ist hierfür ein Beispiel. Sie ist eine Siedlung mit sehr spezieller Geschichte, in der auf einmal ganz andere Nachbarn auftauchen und verschiedene Bilder von Menschen und Nachbarn aufeinandertreffen. „Man hat dort älter oder alt gewordene Münchner Bevölkerung auf einmal konfrontiert mit neuen Nachbarn. "Von den rund 600 Wohnungen werden etwa 60 mit jungen Flüchtlingen und jungen Flüchtlingsfamilien belegt. In dieser „alt gewordenen Siedlung", ist nun die Herausforderung, den Stiftungsauftrag aus den 60er Jahren mit der neuen Situation in Einklang zu bringen. Was muss man in so einem Fall machen, damit Menschen einen Bezug zu ihrem Viertel aufbauen, damit Menschen sich wohl, sich zu Hause fühlen und eine Nachbarschaft entsteht? Wenn Menschen in einem Viertel nicht nur „Benutzer einer Wohnung sind, sondern dort leben und jenseits der eigenen vier Wände auch etwas tun können", kann das auch Wohnungsverlust verhindern. Zur Lösung beitragen können Nachbarschaftstreffs - „ein schönes Wort!" - Orte, an denen Menschen miteinander ins Gespräch kommen, wo auf Vorbehalte und Ängste reagiert werden kann und es Ansprechpartner_innen gibt.

„Ein Nachbarschaftstreff ist ein zentraler Ort, an dem Nachbarschaft entsteht!" Aktuell gibt es 55 Nachbarschaftstreffs in München. Bis 2020 sind weitere 24 geplant. Das Konzept des Nachbarschaftstreffs entwickelte sich aus der Idee der Gemeinwesenarbeit. Diese entstand in den 70er Jahren und wurde um das Jahr 2000 mit der Geburt der Treffs weiterentwickelt. Da bestätigt sich wieder einmal der Satz: „Ohne Räume keine Träume".

Die ursprüngliche Herangehensweise, die Betreuung der Treffs nach drei Jahren professioneller Begleitung an Ehrenamtliche zu übergeben, ist mittlerweile überholt. Man hat erkannt, dass es einer professionellen Begleitung auf Dauer bedarf. Dennoch - das Konzept `Nachbarschaftstreff` überzeugt nach wie vor.

„Es spricht sich herum, dass das klappt." Heute stehen für jeden Treff eine halbe Stelle für Sozialpädagogik und Raummanagement zur Verfügung. Beeinflusst von den jeweiligen Bewohner_innen, Trägern und Mitarbeiter_innen vor Ort, ist jeder Treff anders: „Jeder hat seinen eigenen Geschmack, seinen eigenen Geruch [...] Es gibt nicht die Antworten, nicht die Betroffenen, nicht die Akteure. Das ist das Spannende."

In den Jahren nach der Flüchtlingswelle 1986, wurden Konzepte, wie die SchlaU-Schule (für junge Flüchtlinge) oder REFUGIO (Beratungs- und Behandlungszentrum für Traumatisierte) entwickelt. Damit ist eine Fachbasis entwickelt worden, auf der man noch heute aufbauen kann. Die damals gewonnenen Erkenntnisse sind bewahrt worden und konnten ab 2011 mit der neuen Flüchtlingskrise in die politischen Handlungen miteingebracht werden. „Deswegen konnte die Integration der Flüchtlinge unaufgeregt verlaufen, weil wir bereits gezeigt hatten, dass wir es können."

Für Stummvoll ist es von zentraler Bedeutung, Menschen nicht aus den Augen zu verlieren und ihnen Chancen zu bieten. Perspektivlosigkeit, wie ein Duldungsstatus eines Flüchtlings über fünfzehn Jahre -ein Zustand, ohne Erlaubnis zu arbeiten, eine Wohnung zu suchen, sich zu integrieren- hat nicht nur einen Effekt auf direkt Betroffene, sondern letztendlich auch auf die Stadtgesellschaft.

Die Flüchtlinge bereiten Stummvoll Freude an seiner Arbeit. – „Sozialarbeit ist der Versuch, Chancen zu ermöglichen. Ergreifen musst du sie selbst.

Seine persönliche Herausforderung als Leiter des Amts sieht Stummvoll darin, die genannten Themenschwerpunkte mit Zielen zu versehen, Bezüge herzustellen, die Umsetzung von neuen Ideen zu ermöglichen und sie der Politik zu vermitteln. Sein Ziel sind funktionierende Nachbarschaften, in denen sich die Menschen zu Hause fühlen.

Gegenüber dem Stadtrat setzte Stummvoll sich für das Jane Addams Zentrum e.V. (jaz) als Träger des Nachbarschaftstreffs in der Alten Heimat ein. Im Community Organizing (CO), dem Ansatz, mit dem jaz arbeitet, sieht er die Chance, das Konzept der Nachbarschafstreffs um eine Diskussion zu erweitern. „Stillstand ist tödlich. Mein Job ist es auch, darauf zu achten, dass die Sache weitergeht. Das heißt, du brauchst auch immer wieder Inputs. Mir schien, dass das [CO] einer dieser fachlichen Inputs sein könnte."

Die Ursprünge und Anfänge der Stiftungssiedlung Alte Heimat

Die Alte Heimat ist eine Stiftungssiedlung, die mit bürgerschaftlichem Engagement und einer solidarischen Stadtpolitik gegründet wurde, um für nach dem zweiten Weltkrieg Bedürftige Wohnraum zu schaffen.

Im Folgenden wird die Geschichte der Siedlung erläutert.

Bürgersinn, Zirkus und Spendierhosen
- ein Beitrag des historischen Vereins Laim

Vor 60 Jahren wurde der Grundstein für die Alte Heimat gelegt - ausgebombte Münchner fanden nach dem Zweiten Weltkrieg wieder ein Heim in ihrer Stadt

Wohnungsnot! Das ist ein aktueller Begriff für die Münchnerinnen und Münchner. In der Erlebniswelt etlicher Isarstädter beschreibt er aber keine neue Situation. Ein Blick in die Nachkriegsgeschichte zeigt: Mangel an Wohnraum herrschte auch damals in einer im Wortsinn besonders bedrängenden Form. Die meisten deutschen Städte hatten über 70 Prozent ihrer Wohnhäuser in Bombennächten der letzten Kriegsphase verloren. Der verbleibende Rest wurde zwangsverwaltet. Bis in die Anfänge des Wirtschaftswunders war dieser Mangel spürbar.

1946 beschrieb Otto Endres, der Pfarrer der Gemeinde Zu den heiligen zwölf Aposteln im Laim, in seinen Aufzeichnungen aus dieser Zeit die Mangelsituation: Durch die großen Zerstörungen der Stadt entstand eine ungeheure Wohnungsnot.

Trotz mannigfacher schwerer Treffer in unseren größten Wohnblocks sind in unserer Pfarrei ein ganz großer Prozentsatz von Wohnungen noch recht gut erhalten. Das hatte zur Folge, dass noch während der letzten Kriegsmonate diese Wohnungen bis auf den letzten Winkel belegt wurden.

Bis zu drei Familien drängten sich in einer Wohnung, berichtet der Chronist weiter: Die große Wohnraumnot zwang die Stadtverwaltung, den Zuzug nach München zu sperren, sodass selbst die evakuierten Familien nicht mehr nach München zurückkehren durften und bis heute auf dem Lande bleiben mussten.

Selbst 13 Jahre nach dem Kriegsende hatte sich für viele evakuierte Münchner an dieser Situation nichts geändert. Anlässlich der Feier zur 800. Wiederkehr der Stadtgründung zog der Münchner Merkur in seiner Ausgabe vom 8./9. November 1958 Bilanz und meldete, dass noch immer 2382 Anträge auf Rückkehr nach München offen seien. Sie betrafen immer noch 6148 Evakuierte. Nur 54 Menschen im Monat schafften es, in die bayerische Hauptstadt zurückzukehren.

Am selben Tag hatte die Süddeutsche Zeitung unter der Schlagzeile „Damit ihr Heimweh ein Ende hat" über die Initiative des Münchner Kaufmanns Curt M. Zechbauer berichtet, die einen neu gegründeten Verein auf den Weg brachte. Nach Meinung der SZ handelte es sich dabei um „ein Projekt, das in der Geschichte Deutscher Städte noch kein Beispiel hat. Mitten im Jubiläumssommer blätterte" Zechbauer „kritisch den Katalog der Festveranstaltungen durch. Und er bemängelte: ‚Die vielen kulturellen Veranstaltungen und Feste sind zweifellos ein hervorragender Beitrag zum Stadtjubiläum. Aber für die bedürftigen Münchner, die die 800-Jahr-Feier in wenig erträglicher Lage erleben, wird eigentlich gar nichts getan.'"

Der Kaufmann schlug Oberbürgermeister Thomas Wimmer eine „800-Jahr-Spende der Münchner Bürgerschaft" vor. Er dachte dabei an das 700-jährige Stadtjubiläum im Jahr 1858, als Münchner Bürger mit Hilfe einer großen Spende die Armen der Stadt einen ganzen Tag lang verköstigt hatten. Der Oberbürgermeister griff die Idee gerne auf. Doch hatte der legendäre „Wimmer Dammerl" etwas Nachhaltigeres im Sinn als einen Tag mit Freitisch. Er sah eine Chance für eines seiner großen Anliegen – endlich Wohnungen für evakuierte Münchner bauen zu können.

Noch während der Jubiläumswochen gelang es Zechbauer 17 Bürger aus der Wirtschafts- und Geschäftswelt zu finden, die mit ihm zusammen den Verein mit dem sperrigen Namen „800-Jahr-Spende der Münchner Bürgerschaft zur Rückführung bedürftiger Münchner in ihre Vaterstadt e.V." zu gründen. Die Anwesenheitsliste der Gründungsversammlung liest sich wie ein Münchner Who-is-Who. Curt M. Zechbauer wurde zum Vorsitzenden des neuen Vereins gewählt. Sein Stellvertreter wurde Gustl Feldmeier.

In der ersten Pressekonferenz des Vereins konnte der Vorstand bereits die für damalige Verhältnisse enorme Spendensumme von 300.000 D-Mark verkünden. Die Stadt stellte vor allem kostenlos ein geeignetes Grundstück für das Bauvorhaben zur Verfügung. Eine städtische Einrichtung bekam die Erlaubnis 100.000 D-Mark zu spenden. Zusätzliche Mittel wurden vom Freistaat Bayern und den Wohnungsbaufördermitteln der jungen Bundesrepublik erwartet. Darüber hinaus bekam der Verein die Genehmigung für das Sammeln weiterer Spenden.

Die Süddeutsche Zeitung druckte einen Spendenaufruf ab. Der Erfindungsreichtum des Vereins war groß. Die Palette der Sammelaktionen reichten vom Einsatz der Sammelbüchse beim Tag der offenen Tür bis zu Autogrammstunden damaliger Filmstars.

Nebenbei erfand die Bürgerstiftung für die Alte Heimat auch eine Zirkus-Gala, die später als „Stars in der Manege" fester Bestandteil der Münchner Benefizveranstaltungen wurde, um den Spendentopf zu füllen. Vor der Abreise des Circus Krone startete eine neue Show namens „Galanacht in der Manege". Prominente der damaligen Zeit betätigten sich als Artisten und Dompteure. OB Thomas Wimmer führte einen angeleinten Geparden zur Begrüßung des Publikums in die Manege. Allein diese Gala brachte dem Projekt in den damaligen Zeiten die beachtliche Summe von 25.198 D-Mark ein.

Unter dem Titel „Spendierhosen – eine alte Münchner Tracht" berichtete die Zeitung in ihrer Wochenendausgabe vom 17./18.1.1959, der Verein habe sein Sammelziel von 2,5 Millionen D-Mark bereits erreicht. Das war in der damaligen Zeit eine enorme Summe.

Der Architektenwettbewerb für die Planung der Alten Heimat endete im August 1959 mit dem Sieg des jungen Münchner Architekten Sepp Pogadl. Er bildete mit dem ebenfalls prämierten Franz Ruf ein Team, das die endgültigen Pläne für die neue Siedlung erstellte.

Benefizveranstaltung: Galanacht in der Manege, 1959 © SZ-Photo

Die Frage, wie der rechtliche Status der Alten Heimat sein wird, wurde im Dezember des gleichen Jahres im abschließenden Stiftungsvertrag festgeschrieben. Weil die Siedlung zwar auf städtischem Grund, aber mit zweckgebundenen Mitteln gebaut wurde, bildete die Stiftung ein „rechtlich unselbstständiges Sondervermögen der Stadt, das mit dem Vermögen der Stadt nicht vermischt werden darf."

Am 20. Dezember 1959 wurde endlich der Grundstein für die Alte Heimat gelegt. Danach herrschte Stille. „Nur der Grundstein steht", beklagte die Münchner Abendzeitung am 25. April 1960. Erst im Juni des Jahres machten sich schließlich die Bautrupps ans Werk. Auf dem Grundstück an der Zschokkestraße entstanden 505 Wohnungen in einer Anlage, die sich umgeben von einem großzügigen Grünzug in mehrere drei- bis fünfstöckige Wohnblöcke aufgliederte. Auch ein Ladengeschäft für die Versorgung der Anwohner entstand in der Alten Heimat. Die Arbeiten gingen zügig voran und im Herbst 1961 sollten die Wohnungen bezogen werden. Am 10. November 1961 wurde die Alte Heimat an das städtische Liegenschaftsamt übergeben und die ersten Möbelwagen rollten an. Die Umzugskosten übernahm die Stadt München. Allerdings nahmen etliche Altmünchner das Rückkehrangebot nicht an. Sie konnten sich die Miete von 60, 80 oder 110 Mark nicht leisten.

Als Tüpfelchen auf dem i bauten die Planer auf Anregung der Bürgerstiftung einen so genannten Spenderbrunnen in der Anlage. In seinem oberen Teil wurden alle Spendernamen eingeschlagen, die das Projekt mit einer Summe von 7500.- oder mehr D-Mark unterstützten. Dabei darf nicht vergessen werden, dass ein großer Teil der Spendengelder ausweislich der Spendenlisten, die regelmäßig in der Süddeutschen Zeitung veröffentlicht wurden, von Menschen stammten, die zwischen fünf und hundert D-Mark für die Alte Heimat gaben. Spendierhosen gehörten eben schon immer zur Münchner Tracht.

Peter Hausmann /Lothar Schmidt/ Historischer Verein Laim e.V.
© 2017 Nachdruck nur mit Genehmigung des Historischen Vereins Laim e.V.,
c/o Peter Hausmann, Zugspitzstr. 14 a, 82166 Gräfelfing

In der Stiftungssiedlung Alte Heimat. Foto: Josef Stöger

Stifter und Spender der Alten Heimat

Oberbürgermeister Thomas Wimmer: Der SPD-Politiker war von 1948 bis 1960 Oberbürgermeister der Stadt München. Er war einer der Initiatoren der Stiftung der Alten Heimat.
(Vgl. Kommunalreferat, 2013: Eckdaten zur Wohnstiftung Alte Heimat.)

Unter seiner Federführung stiftete die Stadt 31.000 DM und das 51.000 qm große Grundstück für den Bau der Siedlung.
(Vgl. muenchen.de/chronik)

Selbst aus einer Handwerkerfamilie stammend, galt er als aufrechter Demokrat, der sich für die Bedürfnisse der Menschen einsetzte. Für den Wiederaufbau der Stadt nach dem 2. Weltkrieg spielte er eine große Rolle. Indem er immer wieder selbst mit anpackte, half er die Mutlosigkeit nach den Kriegsjahren zu überwinden.

Volksmund: Vertreter des Bürgertums, allen voran Gustl Feldmeier und Curt M. Zechbauer sammelten rund 2,6 Mio. DM Stiftungskapital, weswegen ihnen von der Bürgerschaft dieser Ehrentitel zugetragen wurde. Bei der Sammelaktion half ihnen ein Kreis aus 60 Personen.
(Vgl. Süddeutsche Zeitung vom 10.09.1961, S. 12)

Die Fünferl-Siedlung: Die Alte Heimat hatte den Spitznamen "Fünferl-Siedlung". Die Geschichte dahinter: Fünf Pfennig vom Kaufpreis von Kinokarten rollten eine Zeit lang in die Taschen der Stiftung und trugen so zur Finanzierung des Baus der Siedlung bei.

In Stein gemeißelt: Im sogenannten Spenderbrunnen (nach dem das Brunnenfest, das Sommerfest der Siedlung, benannt wurde) sind die Namen der Großspender eingraviert. Auch im Entrée des Thomas-Wimmer-Hauses findet man eine Spenderliste auf einer Wandtafel.

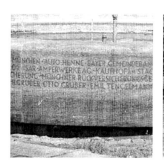 

Spenderbrunnen in der Alten Heimat. Fotos: Lena Kruse

Liste der Großspender

31

Die Siedlungsanlage

Grundsteinlegung
21.12.1959

Fast 1.000 Menschen nahmen an der Grundsteinlegung der Stiftungssiedlung `Alte Heimat´ teil. Nach einer Danksagung an Spender und Helfer gerichtet, begannen zwei Maurer zusammen mit Gustl Feldmeier und Curt Zechbauer eine Kassette in den Grundstein einzumauern, die „Urkunden des Vereins und der Stadt, Rundschreiben und Spendenlisten, eine Jubiläumsmünze, die Tageszeitungen und gegenwärtig in Umlauf befindliches Geld" enthält.
(Vgl. muenchen.de/chronik)

Kiem-Pauli-Weg
1960

Der Weg wird als Zufahrtsstraße für die Siedlung angelegt und nach dem Musiker und Pädagogen Paul Kiem benannt. Die weiteren Straßen der Sieldung bestanden bereits vor den Planungen zum Bau der Alten Heimat.
(Vgl. Dollinger 2007, S.166)

Kiem Pauli (1882-1960)

Der aus München stammende Paul Kiem war Musiker und Pädagoge. Er war Mitglied des Tegernseer Trios. „Zusammen mit Professor Kurt Huber setzte er die nichtkommerzielle Wiederbelebung des oberbayrischen Volksliedes durch und betätigte sich als Sammler von Volksliedern." (Dollinger 2007, S.166)

Fertigstellung
1963

1963 war die Anlage mit 505 Wohnungen fertigge-
stellt. In der Siedlung fanden nun 1.000 evakuierte
Bürger einen Wohnort in ihrer Alten Heimat. 251
Wohnungen hatten bereits im November 1961 bezogen werden können.

Die Architektur der Alten Heimat

Die Architekten waren Franz Ruf und Sepp Pogadl.
Die Architektur der Siedlung `Alte Heimat` zeichnet sich
durch die großzügigen Abstände der Gebäude zueinan-
der aus. Es entsteht eine räumliche Abwechslung durch
verschiedene Geschossigkeiten und einem Spiel mit der
Ausrichtung der Gebäude, sowie einem Wechsel aus Zei-
len- und Punkthäusern. Die Balkone und Terassen, und
insbesondere die weitflächige Anlage mit Parkcharakter
bieten einen hohen Erholungswert.

Thomas-Wimmer-Haus
Errichtet 1965/66

1965 begann der Bau des Thomas-Wimmer-
Hauses, 1966 war es bezugsfertig. Unter dem
Architekten F. Vocke wurde es ursprünglich als
Altenwohnheim konzipiert. Der zu der Zeit mo-
derne Bau besteht aus Einzelappartements und
wurde mit gemeinschaftlichen sanitären Anla-
gen im EG ausgestattet.
(Vgl. Krause 1991, S. 435)

Berichte erster Bewohner_innen
von 1961 (Süddeutsche Zeitung)

Ausschnitte aus: Ingird Benedict: Wieder daheim in der alten Heimat,
Süddeutsche Zeitung Nr. 311, Dezember 1961

Frau F.

„Seitdem ich wieder in München leben kann, bin ich überglücklich", sagt die 62jährige Frau F., die noch in den letzten Kriegsjahren ausgebombt wurde und mit ihrem Mann eine winzige Wohnung in Assenhausen am Starnberger See zugeteilt bekam. „Die Gegend um den See ist zwar wunderschön, aber wenn man mit ganzem Herzen eine Münchnerin ist, dann kann man halt nirgends anders leben."
Vor neun Jahren sei ihr Mann gestorben, auch er habe immer Sehnsucht nach seiner Stadt gehabt. „Als ich die Hoffnung schon ganz aufgegeben hatte, kam plötzlich Weihnachten vor einem Jahr die Mitteilung, daß ich durch die ´Alte Heimat´ vielleicht eine Wohnung in München bekommen kann", erzählt die Frau. Noch am gleichen Tag lud sie ihre Freunde ein und sie tranken die Flasche Sekt, die sie einmal zurückgelegt hatte und erst dann öffnen wollte, wenn sie wieder nach München käme. Seit Mitte November hat sie nun ein hübsches Einzimmerappartement, mit Koch- und Bettnische, einem Bad und einer kleinen Diele. Von den Möbeln, die das Ehepaar F. einmal besaß, hat sie nur ein Bauernzimmer mitgenommen. Alle anderen Möbel wurden verkauft. Von ihren neuen Hausgenossen weiß Frau F. nur Gutes zu berichten. „Wir sind alle Münchner und so froh, wieder in der Heimatstadt zu sein. Da kommt das gute Verständnis ganz von selber."

Johann und Maria S.

Gleich neben ihr [Frau F.] wohnt ein glückliches „junges" Ehepaar. Johann (70) und Maria (66) S. haben erst am 15. Mai dieses Jahres geheiratet. Sie hausten bis zum Einzug notdürftig in einem kleinen Zimmerchen in München. „Heiratn wollt ma zwar schon lang, und gern mögn, ham ma uns a schon lang, aber a Wohnung ham ma einfach net kriagt", berichtet Frau S. „Wia dann de Mitteilung komma is, daß ma bei der `Alten Heimat` a Wohnung kriang, ham ma´s schnell packt." Sowohl Johann als auch Maria haben im Krieg ihr gesamtes Hab und Gut verloren und waren beim Wohnungsamt als vordringliche Fälle gemeldet. Eine Woche vor Weihnachten haben sie die Wohnung übernommen und so mußte das erste Weihnachtsfest zwischen den eigenen vier Wänden noch etwas improvisiert werden. Ihr Untermieter ist ein himmelblauer, zutraulicher Wellensittich, der sich jedem Besucher unaufgefordert auf die Schultern setzt.

Rosa J.

Kritik an ihrer „viel zu engen Wohnung" übt die 78jährige Rosa J., die seit 19 Jahren Witwe ist und seit 1944 im Bayerischen Wald wohnte. Sie beklagt sich, daß sie die alten großen Möbel, die früher in ihrer Wohnung standen und die sie noch rechtzeitig vor den Bomben gerettet hatte, in der Zweizimmerwohnung nicht aufstellen kann. „Hier is ja alles vui z´eng", grantelt sie. „Da hat ma zerst kämpfn müassn, daß ma überhaupts eina konn und jetzt is überhaupts hint und vorn alles z´kloa." Die alte Frau, die schwer herzkrank ist, braucht eine Pflegerin. „Jetz hätt i oane gfundn, aber de kommt bloß, wann i ihr a Zimmer geb", sagt sie. „Aber nacha hab´i überhaupts koan Platz mehr." Auch unser Einwand, daß sie mit Hilfe der `Alten Heimat` endlich wieder nach München zurückkehren konnte, versöhnte sie nicht: „Mir ham denkt,, wunder wia schee des alles is, dabei konn man et amal richtig wohna."

Ehepaare Z. und Sch.

Am 8. Dezember hat das Ehepaar Z. seine Wohnung in der Siedlung bezogen. „Sie glauben gar nicht, wie glücklich wir sind", strahlt Frau Z. Die beiden sind seit 1926 verheiratet, wurden im Januar 1944 ausgebombt und mußten seitdem getrennt leben, da sie keine gemeinsame Wohnung mehr bekamen. Sie hatten winzige Zimmer, jedes in einem anderen Stadtteil. „Wir haben uns immer in der Stadt getroffen und nur davon gesprochen, wie schön es wäre, wenn wir wieder eine eigene kleine Wohnung hätten, erzählt die Frau. – Auch das Ehepaar Sch. führt uns sofort freudig in sein frischeingerichtetes Wohnzimmer. Der 65jährige Alois Sch. war mit seiner Frau Franziska seit 2. April 1944 in Kempten untergebracht. Sie haben begeisterte Lobesworte über die „Alte Heimat". „An Weihnachten ham ma endlich amal alle unsere Verwandten auf den Münchner Friedhöfen b´suchen können", berichtet Herr Sch. „Und dann ham ma an langen Spaziergang durch unser München gmacht."

Foto: Fritz Neuwirth, 1961 © Süddeutsche Zeitung

Die Stiftungssatzung

Im Jubiläumsjahr der Stadt wird der Verein 800-Jahr-Spende der Münchner Bürgerschaft zur Rückführung bedürftiger Münchner in ihre Vaterstadt e.V. gegründet. Vorsitzender ist Curt M. Zechbauer. Am 10.12.1959 findet ein Vertragsschluss zwischen dem Verein und der Landeshauptstadt München statt.

1979 folgt eine Überarbeitung des Vetrages: Der damalige Kommunalausschuss beschließt die noch heute gültige Stiftungssatzung. Dabei wird der Stiftungszwecks erweitert: Die Wohnanlage dient fortan auch der Unterbringung „körperlich oder geistig behinderte Münchner Bürger". Mit der Satzung erhält die Stiftung darüberhinaus einen neuen Namen: Jubiläumsstiftung der Münchner Bürgerschaft Alte Heimat. 1989 folgte eine weitere Überarbeitung.

V e r t r a g

Der Verein 800-Jahr-Spende der Münchner Bürgerschaft zur
Rückführung bedürftiger Münchner in ihre Vaterstadt e. V.,
gesetzlich vertreten durch seinen ersten Vorsitzenden,
Herrn Curt.M. Zechbauer, schließt mit der Landeshauptstadt
München, gesetzlich vertreten durch den Oberbürgermeister,
dieser vertreten durch den Referenten für Tiefbau und Wohn-
nungswesen, folgenden Vertrag:

Der Verein stiftet der Stadt München das durch die Spenden-
sammlung entstandene Vermögen, d.s. an Bargeld zur Zeit
1 265 000,-- DM, wozu 300 000,-- DM als Zuwendung der Stadt
laut Stadtratsbeschluß vom 04.11.1958 treten. Diese Zuwendung
wird die Stadt unmittelbar dem Stiftungszweck zuführen.

Außerdem sind an Spenden 802 000,-- DM gezeichnet worden,
die noch nicht eingegangen sind, um deren Aufbringung sich
der Verein weiterhin bemühen wird.

Die Sachspenden im Werte von etwa 220 000,-- DM werden im
Rahmen des geplanten Wohnungsbaues verwertet werden.

Insgesamt stehen damit Spenden in Höhe von rund 2,6 Mio DM
als Grundkapital zur Verfügung. Dieses Kapital wird unter
folgenden Auflagen gestiftet:

Die Stiftung bildet ein rechtlich unselbständiges Sondervermögen der Stadt, das mit anderem Vermögen der Stadt
nicht vermischt werden darf. Mit den Mitteln der Stiftung
sind auf stadteigenem Baugrund, der ebenfalls diesem
Sondervermögen zugeführt wird, Wohnungen für bedürftige
Münchner zu errichten, die durch Kriegseinwirkung in
München ihr Heim verloren haben und in ihre Heimatstadt
zurückkehren wollen. Ist ein solcher Personenkreis nicht
mehr vorhanden, so sind diese Wohnungen nur an andere
bedürftige, betagte und seit langem in der Stadt ansässige
Bürger zu vergeben. Die Wohnungen werden durch den zu bil-
denden Verwaltungsausschuß (siehe Ziffer 6) im Zusammen-
wirken mit dem städtischen Wohnungsamt und nach dessen
eventuellen späteren Wegfall mit der von der Stadt zu
bestimmenden Dienststelle vergeben.

Die vom Verein beigebrachten Mittel dürfen nur zur Finanzierung von Wohnungen, nicht von Räumen für gewerbliche
Zwecke und dergleichen verwendet werden.

2.

Bei der Planung und Ausführung der Bauvorhaben handelt
die Stadt im Einverständnis mit der Vorstandschaft des
Vereins und dem Verwaltungsausschuß der Stiftung.

Die Bauanlage soll auch in späteren Jahren in würdiger
Form von der Gebefreudigkeit der Münchner Bürgerschaft
zu 800-Jahr-Feier Zeugnis ablegen.

3. ...

Satzung
der
Jubiläumsstiftung der Münchner Bürgerschaft Alte Heimat

*(gemäß Beschlüsse des Kommunalausschusses vom 17.07.1979 und
vom 28.11.1989/Vollversammlung vom 29.11.1989)*

Die im Einvernehmen zwischen der Landeshauptstadt München und dem Verein „800-Jahr-Spende der Münchner Bürgerschaft zur Rückführung bedürftiger Münchner in ihre Vaterstadt e.V." (Verein 800-Jahr-Spende) errichtete rechtlich unselbständige Stiftung erhält folgende Satzung:

§ 1

1. Die Stiftung führt den Namen „Jubiläumsstiftung der Münchner Bürgerschaft Alte Heimat".

2. Sie ist eine rechtlich unselbständige, gemeinnützige Stiftung mit Sitz in München.

§ 2

1. Die Stiftung verfolgt ausschließlich und unmittelbar gemeinnützige und mildtätige Zwecke im Sinne des Abschnitts „Steuerbegünstigte Zwecke" der Abgabenordnung.

2. Zweck der Stiftung ist der Betrieb und die Unterhaltung der Wohnanlagen „Alte Heimat" und „Thomas-Wimmer-Altenwohnheim".

   Die Wohnanlagen dienen ausschließlich der Unterbringung

   a) bedürftiger Münchner, die durch Kriegseinwirkung in München ihr Heim verloren haben und in ihre Heimatstadt zurückkehren wollen;

   b) bedürftiger, betagter und seit langem in der Stadt ansässiger Bürger;

c) körperlich und geistig Behinderter, sofern sie durch den in a) und b) genannten Personenkreis nicht oder nicht voll in Anspruch genommen werden;

d) bedürftiger Familienmitglieder ersten und zweiten Grades von in der Stiftungswohnanlage ansässigen Altmietern, soweit diese Familienmitglieder der nach der Stiftungsauflage vorgesehenen Altersgrenze nahekommen und ihre Bereitschaft erklären, sich an der Betreuung der betreffenden Altmieter, d.h. bei der erforderlichen häuslichen Pflege und Sozialbetreuung, zu beteiligen;

e) bedürftiger Personen, die im Rahmen eines Wohnungsbelegungsaustausches ausgewählt worden sind. Ein solcher Austausch ist nur möglich für 20% des Wohnungsbestandes der Alten Heimat und nur dann, wenn sichergestellt ist, dass durch den Belegungsaustausch die Alte Heimat ein Belegungsrecht für mindestens gleichwertige Wohnungen in mindestens gleicher Anzahl zu angemessenen Bedingungen erhält.

Bedürftig im Sinne der Buchstaben a) und b) sind Personen, deren Einkommen und Vermögen die in § 53 Nr. 2 AO genannten Grenzen nicht übersteigt.

Ein Rechtsanspruch auf Aufnahme besteht nicht.

3. Die Stiftung ist selbstlos tätig; sie verfolgt nicht in erster Linie eigenwirtschaftliche Zwecke.

[...]

§ 6

Wird die Erfüllung des Stiftungszwecks unmöglich, so ist die Stiftung aufzuheben oder umzuwandeln. Bei Aufhebung der Stiftung fällt das Vermögen an die Landeshauptstadt München, die es unmittelbar und ausschließlich für gemeinnützige und mildtätige Zwecke zu verwenden hat. Im Falle der Umwandlung der Stiftung ist das Vermögen unmittelbar und ausschließlich für verwandte gemeinnützige und mildtätige Zwecke zu verwenden.

...

Initiatoren, Initiativen und Engagement

Nach ihrer spektakulären Gründung gerät die Siedlung in den Folgejahrzehnten langsam in Vergessenheit. Lange geschieht nichts. Dann aber, mit den längst überfällig gewordenen Maßnahmen zur Instandsetzung und Modernisierung, bewegt sich etwas. Doch zunächst treten Probleme auf. Die Mieter_innen werden nicht in die Planungen eingeweiht, innerhalb der Mieterschaft enstehen Gerüchte, Sorgen und Ängste. Schließlich bilden sich Initiativen heraus, um Licht ins Dunkel zu bringen.

Ausgangslage: Die Gerüchteküche verunsichert Mieter_innen

2011 beschloss der Stadtrat eine Übergabe der Verwaltungsaufgaben für die Siedlung an die GEWOFAG. Bis dahin fungierte das Kommunalreferat stellvertretend für die Stiftungssiedlung als Eigentümer und Verwalter; Entscheidungen und Umsetzung lagen in einer Hand. Mit der Übergabe der Verwaltung an die GEWOFAG wurden diese Funktionen getrennt, was zunächst zu einer gewissen Unsicherheit führte; es dauerte eine Zeit, bis die Systeme zueinander fanden.

Zur gleichen Zeit standen circa 40 Wohnungen leer. Für Mieter_innen, die ihre Wohnungen und die Siedlung – nicht nur aber auch wegen der günstigen Mieten - liebten, war es unvorstellbar, dass niemand einziehen wollte. Sie vermuteten, dass die Wohnungen absichtlich leer gehalten wurden, um einen Abriss vorzubereiten.

Dass die Wohnanlage solange vernachlässigt und kaum instandgehalten wurde, nährte die Gerüchte weiter. Die Fassaden, von denen die Farbe blätterte, machten diese Vernachlässigung sehr deutlich sichtbar.

In den Medien und auch in den zuständigen Ämtern mutmaßte man, dass die Siedlung bald abgerissen werden würde. – Durch eine Nachverdichtung könnte mehr Wohnraum gewonnen und gleichzeitig barrierefreie Wohnungen für die überdurchschnittlich hohe Anzahl älterer Mieter_innen mit körperlichen Behinderungen geschaffen werden.

Mieter_innen begannen sich zu informieren und an Entscheidungen zu beteiligen. So entstand das Interesse der Bewohner_innen, sich in einer Mieterinitiative zu organisieren. In der Bürgerversammlung stellten sie 2012 den Antrag, ein Gremium zu gründen, in dem bei regelmäßigen Treffen von Planer_innen, Verwaltung, Architekt_innen und Bewohner_innen, die Bewohner_innen ihre Wünsche und Vorstellungen äußern könnten.

Hester Butterfield, Vorstand Jane Addams Zentrum e.V. und Leitung Alte Heimat Treff

Alte Heimat in Laim wird erneuert ©TZ München vom 13.08.12

...Es geht dabei um den punktuellen Abriss und Neubau von Gebäuden", sagt Peter Scheifele, Sprecher der städtischen Wohnbaufirma Gewofag, die das Quartier verwaltet, zur tz. „Das Problem ist, dass der Zustand der Anlage die Erfüllung des Stiftungszweckes kaum mehr ermöglicht." Der sieht die Aufnahme betagter und bedürftiger Münchner vor.

Scheifele: „Die Wohnungen sind nicht barrierefrei." So seien die Bäder zu eng, Aufzüge fehlten. Scheifele: „Die Planungen sind im Frühstadium, keiner muss jetzt ausziehen."

REGSAM-Schwerpunktarbeit
in der Alten Heimat 2011-2014

Wenn in einem Stadtteil besondere soziale Probleme deutlich werden, kann REGSAM (Regionales Netzwerk für soziale Arbeit in München) in diesen Gebieten intensiv tätig werden. Ziel ist es, durch genaue Analyse und gemeinsames Handeln negative Entwicklungen zu stoppen und Lösungsansätze für die Bewohner_innen zu entwickeln.

Um die verfügbaren Ressourcen möglichst zielgerichtet und fokussiert einsetzen zu können, beruft REGSAM ein Kooperationsgremium ein. Gemeinsam erstellen die Beteiligten eine Bedarfsanalyse für das Gebiet und erarbeiten auf deren Grundlage einen Ziel- und Maßnahmenkatalog.

Die Alte Heimat wurde aufgrund statistischer Zahlen für das Gebiet, eines Antrages des Bezirksausschuss 25 Laim sowie auf Vorschlag des REGSAM-Gremiums RAGS ausgewählt. Die Idee war es, Fachleute aus dem Gebiet, Politik, Wohnungsbaugesellschaften und Verwaltung vor Ort an einen Tisch zu holen, um die Situation für die Bewohner_innen zu verbessern. Es war bekannt, dass der Wohnbestand zu alt und sanierungsbedürftig ist.

Ein erster Meilenstein war der Workshop im Mai 2012. Folgende Einrichtungen wirkten bei dem Ziel- und Maßnahmenkatalog, der dort entwickelt wurde mit:

- Sozialreferat, Amt für Soziale Sicherung
- AWO-Psychosoziale Betreuungsstelle im Thomas-Wimmer-Haus der Alten Heimat
- Fachstelle Häusliche Versorgung
- GEWOFAG
- Sozialpsychiatrischer Dienst Laim
- Lebenshilfe München
- Bezirkssozialarbeit des Sozialbürgerhauses
- Altentagespflege
- Alten- und Servicezentrum Laim
- LH München Immobilienmanagement

Folgende Zielsetzungen wurden für die nächsten Jahre festgelegt:

- Stärkung der Nachbarschaft - Schaffung niederschwelliger Angebote, z.B. Treffmöglichkeiten, Aufbau einer Anlaufstelle mit parteilichem Ansatz, Schaffung von Formen der Mitbestimmung
- Kooperation und Zusammenarbeit; Transparenz über bestehende Angebote fallbezogene Zusammenarbeit, Angebotsübersicht
- Anpassung der Angebotsstruktur an die speziellen Herausforderungen der Alten Heimat Angebotslücken schließen
- Begleitung der baulichen Veränderungen Mieterinformation, Zusammenarbeit mit Kommunalreferat und GEWOFAG
- Die REGSAM-Moderatorin Grit Schneider und die Sozialplanerin Gerlinde Felsche hatten für die Schwerpunktarbeit die Verantwortung und unterstützten auf vielfältige Weise, dass viele Ziele und Ideen umgesetzt werden konnten.
- Wir freuen uns, dass die Schwerpunktarbeit einen Anschub geben konnte für die Weiterentwicklung des Quartiers und für die Verbesserung der Lebensqualität der Bewohner_innen.

Martina Hartmann, REGSAM-Geschäftsführung
und Nuria Weberpals, Moderatorin Region 25

Die Idee war es, Fachleute aus dem Gebiet, Politik, Wohnungsbaugesellschaften und Verwaltung vor Ort an einen Tisch zu holen, um die Situation für die Bewohner_innen zu verbessern.

Teilnehmer_innen am Workshop
„Alte Heimat – Neue Lösungen!" (Mai 2012)

Der Ansatz Community Organizing in der Alten Heimat

Hester Butterfield

Vorstand Jane Addams Zentrum e.V.
Leitung Alte Heimat Treff
Sozialpädagogin
Community Organizer

Community Organizing hat die Mobilisierung und Organisierung der Bürger_innen anhand eines gemeinsamen Themas zum Ziel. Es geht um die Lösung konkreter, aktueller Belange. Community Organizing bringt Menschen zusammen und befähigt sie dazu, ihre Lebensqualität und die Wohnbedingungen im Stadtteil aus eigener Kraft zu verbessern.

Die vier Schritte:
Themen identifizieren, die die Bewohner_innen besonders berühren
Auswahl der Themen und (erste) Lösungsvorschläge
Planung und Durchführung einer Themenkampagne
Aufbau einer nachhaltigen Organisationsstruktur

Methoden: Direkte Kommunikation in Vier-Augen- oder Gruppengesprächen
Offene Fragen stellen
Schlüsselpersonen identifizieren
Zu einem gemeinsamen Handeln verabreden
Zuhören! – Sachlage ergründen, sich in die Gesprächspartner einfühlen

Haltung
Respekt vor den unterschiedlichen Sichtweisen der Stadtteilbewohner_innen
Hoffnung vermitteln: Beispiele für Erfolge
Der Organizer spricht und handelt nicht für, sondern mit den Betroffenen

Verabredung / Versammlung
Zusammenfassung der Gesprächsergebnisse; Lösungen aufzeigen
Was könnte wer dazu beitragen? – Forderungen formulieren
Zu einer gemeinsamen Handlung einladen
Lösungsvorschläge gemeinsam ausarbeiten, Arbeitsgruppen bilden; Recherche: Wie ist etwas und was ist zu tun, wer könnte Verbündete/r sein, wie ist die Vernetzung, wer sind Entscheidungsträger_innen?

Lösungsvorschläge umsetzen
Anträge stellen
Gespräche mit Entscheidungsträger_innen
Verhandlungen
Gemeinsame Maßnahmen zur Selbsthilfe einleiten

Diese Aktivitäten sollen Stadtteilbewohner_innen zeigen, dass das, was sie erleben, auch von anderen so wahrgenommen wird, und dass sie durchsetzungsfähig sind. Dadurch entwickeln sich Solidarität und Gemeinschaft. Wenn die Community sich als stark erlebt, übernimmt sie auch nachbarschaftliche Aufgaben wie zum Beispiel die Organisation gemeinsamer Feste, Hilfs- und Abholdienste.

Mit Community Organizing erreichen Bürger_innen selbst die aktuellen Ziele der Sozialen Arbeit und der Kommune: Partizipation, Teilhabe, Inklusion und Integration. In einer Siedlung wie der Alten Heimat, wo die Mieter_innen mehrheitlich zu Gruppen gehören, die bisher oft ausgegrenzt wurden und werden - Betagte, Menschen mit körperlichen oder geistigen Behinderungen und Geflüchtete - ist Community Organizing ein Hoffnungsträger und stößt ein Umdenken auf allen Seiten an.

Hester Butterfield, Vorstand Jane Addams Zentrum e.V. und Leitung Alte Heimat Treff

Der AHA – Alte Heimat Arbeitskreis

Die Entstehung des Alte Heimat Arbeitskreis:

Begonnen hat alles beim ersten Brunnenfest im Sommer 2012. Das Kommunalreferat berichtet, dass sie die Hausverwaltung an die GEWOFAG abgibt. Frau Painta, die in der Siedlung für die Psychosoziale Beratung zuständig ist, stellte die Frage "Was geschieht in Zukunft mit der Stiftungssiedlung Alte Heimat?" Zuvor wurde in der Presse immer wieder über den Umbau, die Nachverdichtung und den Abriss spekuliert. Die Bewohner waren sehr verunsichert.

Die Siedlung ist ein ungewöhnliches Wohngebiet mitten in der Stadt – ein Produkt von Bürgersinn und Gemeinschaftsdenken. Dieses sollte wiederbelebt und zukunftsfähig erneuert werden. Wer sich interessierte und engagieren wollte konnte sich in eine Liste eintragen. So entstand der AHA-Alte Heimat Arbeitskreis.

Durch einen Antrag in der jährlich stattfindenden Bürgerversammlung Laim wurde die Ernsthaftigkeit des Engagements öffentlich gemacht. Auch wird ein Antrag zur Erneuerung des Aufzugs des Thomas-Wimmer-Hauses gestellt. Der Stadtrat beschließt die Beteiligung des AHA an der Weiterentwicklung der Siedlung sowie den Bau eines neuen Außenaufzugs am Thomas-Wimmer-Haus.
Zitat: *Es hat sich auch eine von der „Koordinierungsgruppe Alte Heimat" begleitete Mieterinitiative „AHA – Alte Heimat Arbeitskreis" gebildet, die mit Unterstützung der lokalen politischen Ebene den Erhalt der Wohnsiedlung entsprechend dem Stiftungszweck fordert. Zielsetzung ist, dass die Stiftung im Kern nicht angetastet werden soll und der bezahlbare*

Wohnraum für die Bestandsmieter erhalten bleibt. Diese Ziele decken sich vollständig mit den hier vorgetragenen Überlegungen des Kommunalreferates. [...] Die Intentionen dieser Bürgerversammlungsempfehlung wurden bereits aufgegriffen. Mit der Mieterinitiative „AHA" wurde Kontakt hergestellt und die GEWOFAG beauftragt, konkrete Maßnahmen für einen Informationsaustausch und Mitsprachemöglichkeiten mit Vertretern der MieterInnen vorzuschlagen, um deren aktive Einbeziehung in die Planungen sicher zu stellen.*

Unterstützt durch das Jane Addams Zentrum e.V. (jaz), mit der Methode „Community Organizing", wurden seitdem erfolgreiche Aktionen durchgeführt. Durch eine Umfrage wurden Mängel und Wünsche der Mieter_innen festgestellt. Das Ergebnis wurde dem Kommunalreferat in einer Mieter-Versammlung präsentiert.

Der AHA führt monatliche Treffen mit interessierten Mieter_innen durch. Dabei werden aktuelle Themen behandelt und die neuesten Informationen ausgetauscht.

Ein monatliches gemeinsames AHA-Frühstück ist sehr beliebt. Außerdem festigt es das verloren gegangene Gemeinschaftsgefühl in der Siedlung.

Sitzungsvorlage Nr. 08-14 / 11669 - 12. April 2013

v. l. n. r.
Georgia Diesener
Christel Festl
Irene Lukas
Heidi Ordnung
Walter Massenhauser
Gerhard Rinberger

Das wurde durch unsere Initiative bisher erreicht:

- Zusammen mit Gemeinwesenarbeit-Studierenden wurde eine Wanderausstellung organisiert: Mit der Geschichte der Siedlung, Statistiken, Interviews und Fotos der Bewohner_innen.

- Der AHA nimmt am monatlichen Jour fixe mit dem Kommunalreferat und der GEWOFAG teil.

- Ein Jahr nach dem Stadtratsbeschluss wurde der neue Außenaufzug am Thomas-Wimmer-Haus im Dezember 2015 in Betrieb genommen. Ein großer Erfolg für uns.

- Die SAT-Anlagen werden aus Schönheits- und Sicherheitsgründen verboten. Der AHA erreicht, dass für alle Mieter_innen ein modernisiertes und bezahlbares Kabel-Angebot abgeschlossen wird.

- Die Gehsteige an den Einfahrten werden abgeschrägt. Für Rollstuhl- und Rollator- und Rad-Fahrer_innen eine Verbesserung.

- Rollstuhlfahrer_innen bekommen auf Antrag einen Zugang über ihre Terrasse.

- Bei einer Ortsbegehung im Juni 2015 konnte die Stadtspitze überzeugt werden: Die Instandsetzung und Sanierung, besonders der maroden Balkone, muss sofort in die Wege geleitet werden. Eine Mietminderung für gesperrte Balkone wird vom AHA durchgesetzt.

- Seit 2015 haben wir einen eigenen Treffpunkt. Seit März 2016 gibt es den Alte Heimat Treff geleitet vom Jane Addams Zentrum e.V. (jaz)

- Im Frühjahr 2017 beginnen die Instandsetzungsarbeiten. Sie sollen Ende 2018 abgeschlossen sein.

Unsere Arbeit ist noch nicht zu Ende:
Bis 2024 sind Neubauten und ein neuer Nachbarschafts-Treff
am Quartiersplatz geplant. Wir beteiligen uns weiter.

Ein Beitrag vom AHA-Alte Heimat Arbeitskreis.

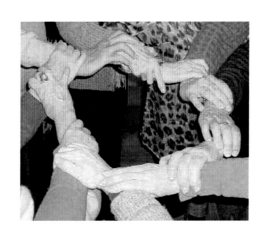

Bürgerschaftliches Engagement

In der Alten Heimat kümmern sich Nachbarn um Nachbarn. Sie wollen den Charakter ihrer Siedlung aufrechterhalten. Sie wissen, dass ihre gute Lebensqualität in der Gemeinschaft liegt. Es fängt mit dem Hallo-Sagen am Fenster, von der Terrasse oder dem Balkon an oder eine geht für die andere einkaufen und der nächste kocht eine Suppe für jemanden, der erkrankt ist. Vielleicht ist es deswegen so selbstverständlich in der Siedlung sich auch für den AHA-Alte Heimat Arbeitskreis und den Alte Heimat Treff zu engagieren.

Ehrenamtliche Arbeit in der Alten Heimat hat viele Formen: Vertretung der Mieter_innen nach Außen und in Planungsgesprächen, Kuchenbacken oder Suppen, Leberkäse und Salate für Feste vorbereiten, hinter der Theke zur Essensausgabe stehen, Flyer zwei Mal im Monat für Frühstück und den monatlichen „Großen Kreis" entwerfen und aushängen, Interessierte vor jedem Treffen anrufen, Spendensammeln, bei Dunkelheit jemand nach Hause begleiten, bei Regen, den Nachbar im Rollstuhl abholen, zuhören bei Problemen oder Wünschen und überlegen, wo die Lösung liegen könnte.

Bürgerinnen und Bürger engagieren sich in der Alten Heimat, weil sie gemeinsame Ziele anstreben und die Bedeutung der sozialen Seite schätzen: Für das Frühstück am letzten Dienstag des Monats wird liebevoll die Dekoration geplant, eingekauft, ab 8:00 Uhr Platten vorbereitet, Tische gedeckt, Kaffee gekocht und um 9:00 Uhr das Büffet geöffnet. Ermöglicht von sieben bis zehn Frauen und Männern, Siedlungsbewohner_innen und ASZ-Freiwilligen, sowie durch Spenden der Teilnehmer_innen.

Studierende der Sozialen Arbeit führen aktivierende Interviews durch. Und immer wieder kommen Freiwillige von jaz und dem AHA und packen mit an. Biergartentische werden aufgestellt, Interviews geführt, Spenden gesammelt, Lose für die Tombola verkauft, Fahrräder repariert, Computerunterricht angeboten und Kleinigkeiten repariert. Eine bunte Mischung von rund 50 Menschen, denen Solidarität, Selbsthilfe und Selbstbestimmung viel bedeuten.

Hester Butterfield, Vorstand Jane Addams Zentrum e.V. und Leitung Alte Heimat Treff

jaz' ehrenamtlicher Reparatur-Service
und Computer-Workshop *Wenn Sie sich darüber freuen, dass es wieder funktioniert, ist das genug Dank.*

Der folgende Text entstand aus einem Gespräch mit *Herrn Tuan.*

Herr Tuan ist ehrenamtlicher Mitarbeiter des Jane Addams Zentrums e.V. (jaz) und bietet seit zwei Jahren in der Alten Heimat kostenlose Fahrradreparaturen und Hilfe bei kleineren Reparaturen jeglicher Art an. Dabei ist es ihm wichtig, dass die Leute die Ursachen des Schadens kennenlernen, um beim nächsten Mal vielleicht schon selbst zurechtzukommen.

Vor mehr als 20 Jahren baute er mit Starthilfe des Flüchtlingsamtes in zwei Flüchtlingsunterkünften PC-Werkstätten auf und fing an, zusammen mit Bewohner_innen Fahrräder zu reparieren.

Hester Butterfield (jaz und Alte Heimat Treff) bat ihn schließlich, die Nachbarschaftsarbeit in der Alten Heimat zu unterstützen. Mittlerweile in Rente, nimmt er sich also jede Woche Zeit für die Bewohner_innen der Alten Heimat.

Ab mittags nimmt er Fahrräder und Aufträge entgegen. Daneben können Werkzeuge ausgeliehen werden. Anschließend bleibt er in der Regel bis in den Abend und repariert. Die Nachfrage ist so groß, dass er des Öfteren mehrmals die Woche kommen muss. Ein Bewohner unterstützt ihn häufig. Fahrräder, Rollatoren, Drucker, Kaffeemaschinen, Schränke, quietschende Türen, Bohrarbeiten - es gibt fast nichts, wobei sie noch nicht geholfen haben.

Ferner leitet Herr Tuan seit Herbst 2017 einen Computer-Workshop, in dem die Teilnehmer_innen entscheiden können, was sie lernen wollen. Die Themen reichen von PC-Bau über Betriebssysteme bis hin zu gängigen Applikationsprogrammen. Im Moment läuft ein Excel- und PowerPoint-Kurs.

Herr Tuan hat nach wie vor Ideen für weitere Angebote. So kann er sich vorstellen Kochkurse anzubieten und träumt von einem offenen Treffpunkt, der zwanglos viele Interessen abdeckt: Ein aktivierendes Repair-Erzähl-Café. - „So hat man die Chance, dass viele Leute kommen." – Er würde es „Taubenschlagcafé" nennen. Diesen Begriff nannte ihm ein Bewohner, als er ihm seine Vorstellung beschrieb. Zur Umsetzung bräuchte er jedoch mehr Raum.

Studierende der KSH aktivieren

Seit 2012 haben Studierende des Gemeinwesenarbeit-Seminars der Katholischen Hochschule München einen großen Beitrag zum Community Organizing-Projekt in der Alten Heimat geleistet. Dies geschah durch aktivierende Befragungen und Interviews mit Bewohner_innen und sozialen Einrichtungen, Sozialraumforschung oder nachbarschaftsfördernden Maßnahmen. Unter meiner Seminarleitung verfolgten sie zwei Ziele: Sie übten in ganz praktischer Weise die im Seminar gelernten Methoden der aufsuchenden Sozialen Arbeit und die Bedeutung des Zuhörens in ihrem Beruf. Und sie gaben einen wesentlichen Anstoß zur Bildung eines erneuten nachbarschaftlichen Verständnisses sowie zur Teilhabe der Bewohner_innen an der Planung und Entwicklung ihrer Siedlung.

In der Weiterentwicklung des Projekts gab es jährlich neue Schwerpunkte und Zielsetzungen. Am Anfang lag der Fokus auf Problemen, Wünschen und Träumen der Mieter_innen, um - zusammen mit einer Umfrage des AHA- einen Katalog für das Kommunalreferat zu entwickeln und das Projekt bekannt zu machen. Manchmal zielten die Fragen auf konkrete Probleme, wie den eingeschränkten Fernsehempfang, manchmal ging es auch um die Zukunft, zum Beispiel wie ein Umzug des ASZ, der den Verlust aller Gemeinschaftsräume vor Ort bedeuten würde, kompensiert werden könne. Auch fragten die Studierenden, wie es den Mieter_innen damit gehe, wenn sie erfuhren, dass ihr Haus abgerissen werden sollte und sie früher oder später umziehen müssten. Aus den Interviews entstand eine Art Sprachrohr, ein Leitkanal für Informationsaustausch und Meinungsweitergabe.

Die Interviews beförderten die Partizipation der Mieter_innen und dienten als Basis für einige Texte und Impressionen in diesem Buch. Für die REGSAM-Schwerpunktarbeit waren die Ergebnisse und eine Sozialraumanalyse eine wichtige Grundlage, um den Bedarf in der Siedlung beschreiben zu können.

Siedlungsbewohner_innen berichten immer wieder, wie schön sie es finden, den jungen interessierten Leuten in der Siedlung zu begegnen und freuen sich, dass sie bei Festen mithelfen.

Hester Butterfield, Vorstand Jane Addams Zentrum e.V. und Leitung Alte Heimat Treff

Katholische
Stiftungshochschule
München
University of Applied Sciences

Zeitungsartikel -
Unruhen und Erfolge

Laim. Beistand mit Rat und Tat ©Süddeutsche Zeitung vom 09.04.2015 / Andrea Schlaier

Mietervertreter und Jane-Adams-Zentrum haben im Alten- und Servicezentrum Laim eine Anlauf- und Informationsstelle für die Bewohner der Alten Heimat eingerichtet
[...] Butterfield begleitet den Prozess des anstehenden Wandels seit Jahren. [...] Unter Butterfields praktischer Hilfestellung hat sich in der Siedlung der Alte-Heimat-Arbeitskreis (AHA), bestehend aus Mietern, gegründet. Und diese befähigt, ihr Mitspracherecht auszuüben. ...

Siedlung „Alte Heimat". Wann werden die Balkone saniert? ©Abendzeitung München vom 04.06.2015 / Verena Kemmer

... Das Problem: Derzeit sind viele Balkone durch breite Holzbretter zugenagelt und so für die Bewohner nicht zugänglich. In der Alten Heimat wohnen jedoch vorwiegend ältere Menschen, die in ihrer Bewegungsfreiheit ohnehin schon eingeschränkt sind.
[...] Darüber hinaus ist nicht klar, was mit den Häusern geschieht, die abgerissen werden sollen. Die Mieter wissen bisher nicht, ob dennoch eine Sanierung der Balkone vorgesehen ist. [...] Gewofag und Stadt [sollen] jetzt schnellstmöglich eine Lösung für die Mieter vorschlagen. ...

Laim. Barrierefreier Bankomat kommt wohl doch
©Süddeutsche Zeitung vom 05.10.2015 / Ands

Nachdem der Laimer Bezirksausschuss auch den Behindertenbeirat der
Stadt eingeschaltet hat, bewegt sich was: Die Stadtsparkasse München
hat zugesagt, den Bankomaten in der Filiale an der Friedenheimer
Straße innerhalb des nächsten Jahres behindertengerecht
umzubauen. Eine Seniorin, die auf den Rollstuhl angewiesen
ist, hatte einen entsprechenden Antrag bei der Laimer
Bürgerversammlung gestellt. ...

Aufzug endlich fertig. In der Alten Heimat geht's aufwärts
©Abendzeitung vom 04.12.2015 / Linda Jessen

Laim - Die Bewohner des Thomas-Wimmer-Hauses jubeln, als der neue Aufzug gestern Mittag zu seiner
Jungfernfahrt aufbricht. Denn: Sie haben Jahre des Ärgers mit dem alten Lift hinter sich. [...] es folgten lange
Wartezeiten, aber nach zehneinhalb Monaten Bauzeit ist der Aufzug im Glasturm nun endlich betriebsbereit.
Kommunalreferent Axel Markwardt und Walter Massenhauser, der im Haus wohnt, weihten ihn mit einer ersten
Fahrt ein. Massenhauser ist froh, dass der Ärger nun vorbei ist, wenn er auch verbindende Qualitäten hatte:
„Wenn einer Hilfe gebraucht hat, dann hat immer ein Nachbar versucht, zu tun, was er eben konnte. Wir sind
halt eine Riesenfamilie hier", erzählt Walter Massenhauser.

Bewohner_innen im Porträt

In der Alten Heimat leben rund 900 Personen. 2023, mit dem Abschluss der Neubaumaßnahmen, werden es nochmal mehr sein. Jeder der Bewohner_innen kann seine eigene Geschichte erzählen, jeder hat seine persönliche Verbindung zur Siedlung und jeder wird wohl seine eigene Meinung haben. In diesem Kapitel stellen sich 18 Personen und Personen-Gruppen vor, und geben uns einen Einblick in das Leben in der Alten Heimat.

Die Porträts entstanden zumeist aus Gesprächen der Bewohner_innen mit Studierenden der Katholischen Stiftungshochschule München und/ oder Lena Kruse (Projektleitung), teilweise über eigens verfasste Texte. Die jeweiligen Namen wurden von den porträtierten Bewohner_innen gewählt.

Eindrücke von Studierenden der KSH
über ihre Gespräche mit Bewohner_innen

„Ich sehe diese Prozesse als positive Kooperation zwischen der Stadt München als Träger der Beratungstelle für Flüchtlinge, und JAZ, die unter dem Ansatz von Comunity Organizing in der Siedlung arbeiten. Gemeinsam kann man für das Zusammenleben von Menschen verschiedenen Alters, verschiedener Herkunftsländer und mit verschiedenem Bedarf, eine gelungene und wertschätzende Atmösphere schaffen“.

„Die Siedlung Alte Heimat ist ein besonderer, Ort mit alten Häusern und Grünanlagen voller Geschichten, wo auch Menschen voller Geschichten wohnen. - So sehe ich es, seit ich meinen ersten Fuß in die Alte Heimat setzte, seit ich den Geschichten von meiner Praktikumsanleiterin, Laura Käser, die seit vier Jahren als Sozialpädagogin mit Flüchtlingen arbeitet, aufmerksam zuhörte, seit ich von der Nachbarschaftsarbeit, die Hester Butterfield leitet und von den Geschichten, die sie mir mitteilte, sehr begeistert war. “

„Wir sind froh, so viele ehrliche Rückmeldungen der Bewohner gesammelt zu haben und hoffen damit zum Prozess der Weiterentwicklung beizutragen.“

„Da ich meist ohne direkte Erwartungen in neue Situationen gehe, um Felxibilität zu erhalten und Enttäuschungen vorzubeugen, ging ich auch in unsere Interviews ohne bestimmte Erwartungen, jedoch mit offenen Augen und großem Interesse.“

„Es ergaben sich oft interessante und informative Gespräche. Wir erhielten ehrliche Antworten, in denen die Bewohner ihre Sorgen und Wünsche loswerden konnten.“

„Ich bin gespannt auf die Auswertungen der Interviews, die andere Kommilitonen geführt haben, da ich wirklich gerne wissen würde, ob Übereinstimmungen mit Menschen in ähnlichen Lebenslagen existieren, ob sich diese vielleicht sogar decken mit den Angaben, die wir in unseren Interviews mit Menschen mit Fluchthintergrund sammeln konnten.

Wenn es so ist, könnte man diese Übereinstimmungen eventuell als Grundlage nutzen um Orte und Situationen der Begegnung zu schaffen und Misstrauen und Vorurteile zwischen den unterschiedlichen BewohnerInnen der Siedlung abzubauen, durch das Aufzeigen von Gemeinsamkeiten."

„Vielen von uns fiel es schwer, fremde Menschen anzusprechen und sie für ein Gespräch zu gewinnen. Das war nicht immer leicht, da einige Menschen keine Zeit hatten oder kein Interesse zeigten. Umso schöner war die Erfahrung offen und willkommen von manchen Bewohnern empfangen zu werden."

„Wir haben einen Einblick in das Leben der Menschen der Alten Heimat bekommen. Darüber hinaus, lernten wir Persönlichkeiten kennen und hörten Geschichten, die uns bewegt haben."

„Die von uns gesammelten Informationen wurden als wertvoll von den für die Flüchtlinge zuständigen Sozialpädagoginnen betrachtet. Es gäbe Themen, die nicht in der Beratung auftauchen, aber dank der aktivierenden Befragung könne man auf diese zugreifen. In Folge der Ergebnisse der Interviews, bemühten sie sich verstärkt um die Anschaffung eines schon geplanten Büros in der Siedlung, wo sie die Interessen ihren Klienten abdecken können. Das heißt, nicht nur beraten, sondern ein Büro so gestalten, dass die Bewohner_innen es auch als Treffpunkt sehen und erleben können. Und es war so weit, dass am 21.01.2017 die Einweihung stattfand."

„Ich persönlich empfand unsere Interviewstettings sowie -partner durchweg als sehr angenehm."

„Alle Interviewparter_innen hießen uns in ihren Wohnungen freundlich und herzlich willkommen."

Katholische
Stiftungshochschule
München
University of Applied Sciences

„Ehrlich gesagt, ging es mir damals nur um mich, was um mich herum los war, war mir schnurzpieps-egal!"

Der folgende Text entstand aus einem Gespräch mit *Walter Massenhauser*.

Herr Massenhauser zog im April 2007, an einem Freitag, den 13., in das Thomas-Wimmer-Haus (TWH) der Alten Heimat.

Zuvor hatte er in Schwabing gelebt, als Pferdewirt gearbeitet, als das Mitleid mit den Tieren zu groß wurde, dann in die Reifentechnik gewechselt. Doch dann wurde er krank und arbeitslos. So verlor er auch seine Wohnung. Als Obdachloser wurde er von der Bahnhofsmission zunächst an ein Wohnheim, dann an ein weiteres vermittelt, wo er sieben Jahre recht zufrieden lebte. In dieser Zeit hatte er sogar wieder eine volle Arbeitsstelle gefunden. Mit der Zeit wuchs aber sein Bedürfnis nach mehr Eigenständigkeit. Derzeit musste er seinen Schlüssel stets an der Pforte abgeben.

Mittlerweile als Erwerbsunfähigkeitsrentner eingestuft, stellte er also einen zweiten Antrag beim Wohnungsamt. Nach einigem hin und her, landete er schließlich im TWH. Mit seiner Wohnung war er auf Anhieb sehr zufrieden. Er konnte endlich mit Schlüssel kommen und gehen und sich nach seinem Geschmack einrichten. Er hatte alles, was er brauchte in der Umgebung, und auch der bezahlbare und gedeckelte Mietpreis überzeugten ihn. „Es war ein herrliches Paradies; es hat gepasst!". Er lebte sein Leben, war für sich: „Ehrlich gesagt, ging es mir damals nur um mich, was um mich herum los war, war mir schnurzpieps-egal!" Doch als der Aufzug kaputtging, begann die Nachbarschaft sich zu organisieren, sich zu helfen. Und das gefiel ihm: „Das hat mir irgendwie imponiert."

Der Aufzug blieb weiter defekt. Es hieß, nur die GEWOFAG könne sich für eine Reparatur einsetzen. Da sie nicht weiter warten wollten, seien Herr M. und die Hausmeisterin des TWH auf die Idee gekommen, sich an die Zeitung zu wenden. Über die AWO kontaktierten sie die Süddeutsche Zeitung, „einen der damaligen Großspender*".

Eine Reporterin kam und er trug die ganze Problematik vor. Zwei Tage später wurde ein „wunderbarer Artikel" veröffentlicht. Herr M. ließ nicht locker. Er wartete die Neuwahlen der Bürgermeister ab, und schrieb im Frühjahr 2014 einen Brief an den Oberbürgermeister Dieter Reiter. „Da haben die noch Feuer." „Meistens hab ich nachts die besten Einfälle, dann hab ich losgelegt!" In seinem Schreiben erinnert er an den Gedanken von Thomas Wimmer, jenen Oberbürgermeister, der den Münchnern in der Nachkriegszeit Hoffnung gab und Namensgeber des TWH ist. Frau Painta, Psychosoziale Beraterin im TWH, schlug ihm vor, dem AHA – Alte Heimat Arbeitskreis seinen Brief vorzulegen. „AHA, was ist denn des?" dachte er damals. Doch er ging hin. Die Gruppe sei begeistert von seinem Schreiben gewesen, tippte es eins zu eins ab und schickte es ins Rathaus.

Als das erste Brunnenfest stattfand, damals noch eine kleine Veranstaltung ohne Namen, habe er noch kein Interesse an gemeinschaftlichen Aktionen gezeigt und auch nichts von der Gründung des AHA mitbekommen. Nach seinem ersten Treffen mit dem AHA kam er aber wieder. Er trug vor, dass das 1966 fertiggestellte TWH auch ein Teil der Siedlung sei, wie er von Frau Painta erfahren habe. Da im AHA `Renovierung` auch ein Thema sei und „weil die Siedlung einfach in die Jahre gekommen und von der Stadt vergessen worden war", ist er schließlich dabeigeblieben und Teil des Arbeitskreises geworden.

Am 08.12.2015 wurden dann der neue Außenaufzug und Eingangsbereich, zusammen mit Kommunalreferent Axel Markwardt und Stadträtin Alexandra Gaßmann eingeweiht. Es folgte die Instandsetzung des Innenaufzuges. Auch wurde zwischenzeitlich die Errichtung eines behindertengerechten Zugangs über die Gemeinschaftsräume in den Garten erreicht. Zu Beginn und während der Baumaßnahmen hätten viele ältere Leute sich beklagt, sie wollen Ruhe. Das könne man ja auch verstehen, meinte Herr M., doch seine Einstellung war: „Ja mei, jetzt wird´s dreckig, jetzt wird´s laut, jetzt rührt sich was, jetzt kring´ ma was!" Viele hätten gemeint, der neue Eingangsbereich und Aufzug würden nicht zum Rest passen. Doch ihm habe es gefallen, er fand es „futuristisch, zukunftsweisend". Auch wenn sich der Bau hinzog, hätten sie doch sehr viel erreicht. „Es ist ein herrlicher Erfolg, wenn man sieht, was man da grissen hat!"

Schließlich gab es im TWH eigentlich nur noch ein Problem: Den Zugang zum Bad. Da das Haus als Altersheim konzipiert wurde (diesen Zweck habe es jedoch nie erfüllt), gibt es lediglich Gemeinschaftsbäder im Erdgeschoss. Diese erreicht man allerdings nur über das allgemeine Treppenhaus, das heißt Treppe oder Aufzug, und damit ursprünglich über den Windfang des Eingangsbereiches. Dadurch habe es ein erhöhtes Risiko gegeben, sich beim Warten auf den Aufzug zu erkälten. Auch musste man vorbei am Büro der AWO. Das sei besonders unangenehm gewesen, wenn Außenstehende zu Besuch waren. Doch dank speziell angefertigter Türen gibt es nun seit Januar 2017 einen direkten Zugang. Auch der defekte Heizungskessel sei nun, nach einem kalten Winter repariert worden. Für einen Brief an das Kommunalreferat und die GEWOFAG sammelte Herr M. 46 Unterschriften im Haus. Er habe seinen Nachbarn immer gesagt: „Es ist wichtig, dass nicht nur ich schreibe, sondern ihr auch!" Binnen acht Tagen habe die Heizung dann wieder funktioniert.

Mittlerweile sei er von seinen Haus-Nachbarn als „Bürgermeister" deklariert worden. Doch er sagte immer: „Bin ich nicht! Ich mache nur im richtigen Moment den Mund auf." „Beim letzten Jour fixe** bin ich auch mal aufgestanden und habe mich bedankt bei der GEWOFAG und dem Architekten. Die waren angenehm überrascht." Ein Problem, das die ganze Siedlung betreffe, gelte es noch zu lösen: Das Kabelfernsehen funktioniere noch nicht flächendeckend, obwohl alle denselben Beitrag zahlten.

In der Siedlung hätten sie nun auch immer mehr Aktivitäten entwickelt. Letztes Jahr hätten die Bewohner_innen die Idee der 50-Jahres-Feier des TW-Hauses gehabt. Das Fest soll nun im Oktober 2017 gemeinsam mit dem Bezirksausschuss stattfinden. Im Haus wohne eine Vielfalt an Nationalitäten. Herr M. beschrieb das TWH liebevoll als „Altbau der UNO" und meinte: „Was das eigentlich für eine nette Gemeinschaft sein kann, wenn alle am selben Strang ziehen!"

Sein Resümee war, das sich vieles, wenn man sich zusammentut, auf friedlichem Wege erreichen lasse. Er war stolz darauf, beim AHA dabei zu sein und auf das, was geschafft wurde. Durch gesundheitliche Probleme war er die letzte Zeit verstärkt eingeschränkt, doch er hoffte, dass es wieder besser werden würde und er wieder mehr machen könne. „Aber wir haben schon gesagt, wir machen noch bisschen, dann gehen wir ‚in Pension' und dann sollen die Jungen ran."

Walter Massenhauser ist leider am letzten Juli-Wochenende 2017 verstorben.

* *einer der Großspender für den Bau der Stiftungssiedlung Alte Heimat*
** *Jour fixe: Treffen von Vertreter_innen des AHA, der GEWOFAG, des Kommunalreferats und der AWO*

„Ich bin rundum zufrieden. Ich wohne sehr schön."

Der folgende Text entstand aus Gesprächen mit *Frau O.*

Frau O. wohnt sehr gerne in der Siedlung. Sie fühlt sich als „alte Laimerin", hat als 12-Jährige bereits den Aufbau der Siedlung mit verfolgt und sich damals schon gesagt, dass sie gern einmal dort wohnen wolle. Die Weitläufigkeit und das Grün der Umgebung gefielen ihr, wohingegen die Innenstadt inzwischen ja zubetoniert sei. Sie kannte auch noch das alte Laim, das eher dörflichen Charakter hatte, wo Schweine, Enten und Gänse zu sehen waren und winzige baufällige Häuser. Diesen Charakter habe die Siedlung natürlich nicht, aber man kenne sich untereinander.

„59, 60, 61 wurde die Siedlung gebaut. Wie des angefangen hat, weiß ich, weil ich damals, schon zu meiner Familie gsagt hab, da möchte ich mal hin." Ihr Großonkel habe ihr erklärt, sie solle sich keine Hoffnungen machen, je in die Alte Heimat ziehen zu können. Die Siedlung sei schließlich gestiftet worden, zum Zweck der Heimführung ausgebombter Münchener, wovon Frau O. nicht betroffen war. „Die Stiftungsgelder kamen, peu à peu, von Banken, Versicherungen, und zuerst von dem bekannten Millionenbettler*. So hat ma den genannt. S' war der Herr Gustl Feldmeier, der Senior vom Beck am Rathauseck - von meinem Großonkel der beste Freund. Seine Söhne kenn ich noch von früher."

Frau O. ist zu 60% als gehbehindert eingestuft. Aber sie betont: „Ich bin nicht behindert, ich sag nur immer: Wegen meiner Beine.." Sie habe immer wieder Glück gehabt, immer wieder „tolle Ärzte" gehabt.

Das wichtigste sei ihr ihre Gesundheit. Doch Frau O. ist ein Stehaufmännchen. Nach einem schweren Unfall beispielsweise, sollte sie mehrere Wochen im Krankenhaus verbringen. Die damals 20-jährige wollte aber unbedingt auf eine Feier und so war sie bereits nach kurzer Zeit wieder wohlauf. Die Ärzte hätten gesagt „die hat sich selber entlassen!" Sie habe ihnen obendrein bei der Verabschiedung alle Pillen, die sie hätte einnehmen sollen, gesammelt in die Hand gedrückt.

„Meine Großmutter war voller Elan. Der lebe ich nach.", sagt sie. „Ich hab mich nie schikanieren lassen!" und „Ich habe immer alles selber gemacht!" In ihrem Leben habe sie überall „reingeschnuppert", wollte von allem eine Ahnung haben.

Sie arbeitete unter anderem in der Immobilienwirtschaft und als Vorzimmerdame in der Bank. Eigentlich wollte sie Wirtin am Schliersee werden. Durch ihre Arbeit in der Modebranche habe sie alles, was Rang und Namen hat, kennengelernt. Dazu sagt sie: „Ich habe keinen Höhenflug, aber ich bin stolz."

Als ein Schreiben von der Stadt kam, sie könne in die Alte Heimat ziehen, habe sie ihren Dackel Berry in den Arm genommen und ihr Glück nicht fassen können. „I hab nie dran gedacht, dass i einmal wirklich hier wohnen würde. - Eigentlich sind alle meine Wünsche bisher in Erfüllung gegangen. Am 1. April 2017 bin i 28 Jahre hier."

„Jetzt kann ich noch einkaufen mit meinem Rentner-Ferrari. Den zieh ich schnell hoch und dann geht des."

Erst letztens habe sie wieder Komplimente für ihre Terrasse bekommen, sie sei so schön und so ordentlich. „Da freut man sich natürlich!" Die Pflege falle ihr schließlich nicht so leicht, aber schön müsse sie es haben.

In ihrer Freizeit geht sie gerne in den Chor des in der Siedlung gelegenen ASZ. Außerdem engagiert sie sich im AHA – Alte Heimat Arbeitskreis, wo sie vor allem das monatliche Frühstück der Alten Heimat begeistert mit organisiert.

---

* _Millionenbettler_: Ende der 50er Jahre mit dem Bau der Siedlung entstandener Ehrentitel der Öffentlichkeit für Gustl Feldmeier, dem ehrenamtlichen Leiter der Geschäftsstelle der „Jubiläumsstiftung der Münchner Bürgerschaft Alte Heimat", und Curt M. Zechbauer, dem Initiator.

„Man kommt hier halt nicht weiter, weil man das Geratsche hat. Das macht die Siedlung aus, das macht sie lebenswert!"

Der folgende Text entstand aus einem Gespräch mit *Gerhard Rinberger*.

Herr Rinberger lebt seit acht Jahren in der Alten Heimat. Was er besonders an ihr schätzt, sind die großflächigen Grünanlagen und die dadurch entstehenden Naturerlebnisse. Man könne hier seltene Vogelarten, Fledermäuse und Eichhörnchen beobachten. Ein weiterer Aspekt, der ihn dazu bewog, in die Siedlung zu ziehen, ist die gute Anbindung an das öffentliche Verkehrsnetz. Zudem zeichne für ihn, der Kontakt unter den Bewohnern, die Siedlung positiv aus. Begegnungsstätten auf der Straße oder im Alte Heimat Treff, würden gerne für Gespräche genutzt. Das mache den Unterschied zu anderen Siedlungen aus. „Man kommt hier halt nicht weiter, weil man das Geratsche hat. Das macht die Siedlung aus, das macht sie lebenswert!" Bedauerlich findet Herr Rinberger, dass diese Begegnungen meist nur zwischen den älteren Bewohnern der Siedlung entstünden, während es länger dauere, mit den Jüngeren in Kontakt zu kommen. Die große Vielfalt an unterschiedlichsten Personengruppen, welche in der Siedlung leben, unter anderen

Gehörlose, Bewohner_innen der Lebenshilfegruppe oder Flüchtlinge, erlebt er als bereichernd. Er nutze die Begegnung und das Gespräch, um Menschen kennen zu lernen und Vorurteile abzubauen. In letzter Zeit beobachte er, dass sich die Menschen aufmerksamer begegnen. Beispielsweise kämen Bewohner mit Hinweisen darauf, dass bei Nachbarn etwas nicht stimme und suchten Hilfe.

Ab 1993 war Herr Rinberger bei einer Sozialstation als Altenpfleger in der Siedlung tätig. Er kennt deshalb noch eine frühere Perspektive. Zu dieser Zeit hätten noch viel mehr deutsche Mieter dort gewohnt, allerdings auch damals schon die ältere Generation. Aus Erzählungen von damaligen Bewohner_innen weiß er, welche Freude es für die ausgebombten Münchner war, in ihre Heimat zurückkehren zu können, ebenso, wie sehr die Bewohner_innen ihre Wohnungen schätzten:

„Die haben auch viel von früher erzählt. Das waren ja oft Leute, die noch den Krieg erlebt haben, ganz massiv. Die ausgebombt waren, die dann irgendwo in Kempten oder sonst wo leben mussten, weil hier alles zerstört war. Und dann konnten sie doch zurück. Sie erzählten wie glücklich sie waren darüber, dass sie wieder in München wohnen durften, und dann auch noch in so einer Wohnanlage. Das war ja damals relativ gut. Da war eine Badewanne dabei, eine Toilette in der Wohnung. Das gab's ja in den Altbauten damals kaum. Ich hatte mit meinen Eltern in der Thalkirchnerstraße gewohnt. Da war das Klo eine Treppe tiefer, eine Badewanne gab es sowieso nicht. So kannten die das auch noch. Terrasse, Balkon - das war damals auch kein Standard."

Die ersten Bewohner_innen der Siedlung seien also sehr zufrieden gewesen. Außerdem hätten sie sich mehr organisiert: „Es gab welche, die sich um die Bäume gekümmert haben, einfach so. Andere haben an den Eingängen Blumen gepflanzt. Das gibt es noch ab und zu, aber nicht mehr so oft." Einen Grund dafür sieht er in der abnehmenden Identifikation der Bewohner_innen mit ihrer Siedlung: „Die haben sich wesentlich mehr identifiziert mit der Wohnanlage. Das machen die Leute, die jetzt herziehen einfach nicht mehr, egal, ob das jemand aus Syrien oder aus Deutschland ist. Die Siedlung ist für sie nur eine Wohneinheit."

„Unmöglich, unberechenbar, unbrauchbar – Das bin ich!"

Der folgende Text entstand aus einem Gespräch mit *Christel*.

Im Land, wo die Zitronen blühen, dort lebt Christel. Nicht in Italien, aber seit mehr als 19 Jahren in der Alten Heimat in einer Hochparterrewohnung mit Terrasse, die sie liebevoll bepflanzt.

Sie hat eine Vorliebe für Sprüche und immer einen parat. Damit man weiß, mit wem man es zu tun hat, wiederholt sie gerne: „Unmöglich, unberechenbar, unbrauchbar – Das bin ich!"

Christel bekam mit zehn Jahren Kinderlähmung. Bis sie 49 Jahre alt war konnte sie gut damit leben, hatte einen sicheren Beruf und lebte in einer großen Altbauwohnung in Neuhausen. Dann aber holte sie die Krankheit wieder ein und sie musste ihren Beruf und damit auch ihre Wohnung aufgeben. Ohnehin sei es dort nicht mehr gegangen. Die Entfernungen in der Wohnung mit langem Gang, vor allem aber die Beheizung mit Kohlen, wurden für sie viel zu beschwerlich. Damals habe ihr eine Bekannte, die sie auf Reha kennenlernte, von der Alten Heimat erzählt und ihr empfohlen sich hier um eine Sozialwohnung zu bewerben.

Als sie dann, auf Einladung ihrer Bekannten, in die Siedlung kam war sie direkt begeistert. „Es war so grün, so ruhig, eine andere Luft" – erzählt sie von ihrem ersten Eindruck. Und auch die Bänke, Terrassen und Teppichstangen hätten

sie begeistert. Zu ihrem Glück war gerade eine Wohnung im Erdgeschoss frei geworden. Ihr sei sofort klargewesen: „Die ist es, die brauch ich, die muss ich haben!" Ein Viertel Jahr habe sie aber mit dem Wohnungsamt streiten müssen, da sie bis dahin nicht als bedürftig gegolten hatte. Auch ein Prüfer wurde geschickt, der bestätigen sollte, dass das Leben für sie in der alten Wohnung nicht mehr zu bewältigen war. Am Ende war sie erfolgreich. „Wer fragt ist ein Narr für fünf Minuten, wer nicht fragt ist ein Narr für immer."

Mittlerweile ist Christel auf einen Rollstuhl angewiesen, doch in der kleinen Wohnung kann sie ihren Alltag selbstständig meistern. „Ich bin heilfroh, dass ich alleine bin, alleine sein kann." Auf ihrer Terrasse hat sie sich ein kleines persönliches Paradies geschaffen. Hier wachsen Zitronen, Tomaten, Kleeblätter, Blumen und Sträucher. Mit selbstgebastelten Konstruktionen vertreibt sie Tiere, die sie stören, Tauben zum Beispiel; lockt aber andere, die sie mag. „Ich kann nimmer zur Natur raus, aber die Natur kommt zu mir." Spatzen und Meisen gehören zu ihren Gästen, auch zwei Spechte kämen regelmäßig und einmal habe sie einen verletzten Raben gepäppelt, der sie nun immer noch besuchen kommt. Letztens, erzählt sie, habe er sogar seine scheuen Jungen vorgeführt.

Während sie in der Wohnung gut zurechtkommt, war das Verlassen der Wohnung problematisch geworden. Die Stufen im Treppenhaus zwischen Hochparterre und Eingangsbereich waren zu einem unüberwindbaren Hindernis geworden. So konnte sie ihre Wohnung nur noch über die Terrassentüre verlassen und wurde damit abhängig von Freunden und Nachbarn, die die Tür von innen verschlossen.

Inzwischen wurde aber eine besondere Lösung gefunden: „Die Schlossallee". Mit dem AHA – Alte Heimat Kreis, bei dem auch sie Mitglied ist, verschafften sie ihrer Problematik Gehör. Nach einer Ortsbesichtigung mit Bürgermeisterin Strobl setzte sich diese bei der Hausverwaltung für sie ein. „Ich hab weiter gefragt und hab was gekriegt." Am 1. April 2014 kam der telefonische Bescheid zur Baugenehmigung. Sie konnte es erst nicht glauben, dachte das wäre ein Aprilscherz. Nun hat sie einen Zugang über ihre Terrasse, die an die Gehwegebene anschließt. Den dafür angelegten Weg hat sie nach der teuersten Straße im Spiel Monopoly benannt – weil er ihr so viel wert ist.

Eine weitere Errungenschaft des AHA ist die Absenkung der Gehwege in der Siedlung, für eine rollstuhlgerechte Wegenutzung, die auch 2014 realisiert wurde - ein Thema, das Christel anstieß. Auch setzten sie sich erfolgreich für einen rollstuhlfahrergerechten Geldautomaten ein. Im Rahmen der Bürgerversammlung 2014 stellte Christel diesbezüglich einen Antrag und sprach vor über 200 Laimer_innen. Zunächst wurde der Antrag abgelehnt. Mit der Unterstützung des Behindertenbeirats aber wurde das Thema erneut aufgerollt und schließlich im Dezember 2015 ein

Automat der Stadtsparkasse in der Gotthardstraße tiefer gelegt.

Nachdem der Antrag gewonnen war, sagte Christel der AH-Kerngruppe: „Ohne Euch, eure Rückendeckung hätte ich das nie machen können."

Aktuell setzt sie sich für ein Ampelsystem ein, damit auf den ersten Blick sichtbar wird, ob Veranstaltungen für Menschen mit Beeinträchtigungen zugänglich sind. In der Bürgerversammlung 2015 beantragte sie: "Veranstaltungen, die behindertengerecht sind, sollen auch als solche gekennzeichnet sein. Grundsätzlich sollten öffentliche Veranstaltungen behindertengerecht sein. Inklusion soll kein leeres Versprechen sein und auch so beschrieben werden."

Mit dem Sozialausschussbeschluss vom 22.06.2017 wurde mit der vollen Unterstützung des Behindertenbeirats ihrem Antrag ausführlich und detailliert zugestimmt, mit der Erweiterung um Menschen mit „körperlichen, seelischen, kognitiven oder Sinnes-Beeinträchtigungen": „Alle Aspekte unseres Lebens müssen so gestaltet sein, dass sie Bedürfnisse aller Menschen berücksichtigen... Dies gilt für öffentlich zugängliche Gebäude ebenso für Verkehrsmittel, Straßen und Plätze, aber auch für Informations- und Kommunikationsmedien."*

Um an das Große-Kreis-Treffen der Nachbarschaft der Alten Heimat zu erinnern, ruft Christel im Namen des AHA jeden Monat 70 Personen an. „Wenn ich etwas tu, dann tu ich es entweder gerne, oder gar nicht." Sie sei das Telefonieren von der Arbeit gewohnt. Einmal in der Woche ist sie auch beim Bastelkreis dabei und unterstützt die Psychosoziale Beratung mit Ideen.

Auch bei sich zu Hause habe sie ein offenes Ohr für ihre Nachbarn und immer etwas Süßes und Tipps parat. Dabei sei ihr der Schnabel nicht festgewachsen: „Ich bin frech, das weiß jeder, ich geb´s ja zu, aber ich behandel jeden gleich." Nur an den Wochenenden und an Feiertagen lasse sie, wenn es nicht um einen Notfall geht, niemanden rein. Diese Tage gehören ihr, ihren Freunden und Verwandten.

Sie fühlt sich wohl in der Alten Heimat: „Ich brauch gar ned sterben, ich hab des Paradies schon hier!"

* *Sitzungsvorlage Nr. 14-20 / V 08505 des Münchner Stadtrats*

„Wir haben gelernt uns in ›bürgerschaftlichem Engagement' zu behaupten und uns sicher zu bewegen."

„Seit genau zehn Jahren wohne ich jetzt hier in der Alten Heimat.
Der Grund hier zu wohnen ist einfach. Stetig steigende Mietpreise kann man sich mit einer bescheidenen Rente nicht leisten...

Zuvor hatte ich in kleinen Einfamilienhäusern gelebt – immer in Laim. Als ich dann in meiner sonnigen, von viel Grün umgebenen Wohnung saß – was für ein Glück habe ich gehabt! Eine herrliche, parkähnliche Siedlung. Große Innenhöfe mit unterschiedlichen Haustypen. Besonders reizvoll sind die individuellen Bewohnergärten. Als ich hier einzog dachte ich zunächst, wo bist du da gelandet? Sehr gewöhnungsbedürftig! Wer wohnt denn hier? Eine bunte Mischung! Ich lief mit „Scheuklappen" durch die Siedlung. Nichts hören und sehen.

Dann kam das 1. Brunnenfest. Die Gelegenheit etwas zu bewegen, zu verändern, zu verbessern. Seit Anfang an bin ich jetzt beim AHA – Alte Heimat Arbeitskreis dabei, der sich damals gründete. Jeden Montag, pünktlich um 9:30 h, trifft sich die KernGruppe im AH Treff.

Die KernGruppe ist der „Hot Spot" – der Knotenpunkt an dem alle Informationen zusammenlaufen. Wir sind die

Ansprechpartner zwischen Mieterschaft, GEWOFAG und Kommunalreferat. Seit fünf Jahren sind wir eine gut funktionierende Gruppe. Jeder nach seinen Möglichkeiten und Fähigkeiten. Dank Community Organizing - Frau Butterfield, vom Jane Addams Zentrum e.V., haben wir gelernt uns in ‚bürgerschaftlichem Engagement' zu behaupten und uns sicher zu bewegen.

Mein zuvor skeptischer Blick auf die Alte Heimat hat sich dadurch gründlich geändert. Die Mieter haben wieder ein Gemeinschaftsgefühl entwickelt. Sie sind dankbar für unser Engagement. Das spornt an - man merkt, dass die Arbeit Früchte trägt und nicht umsonst ist.

Etwas Gutes dazulernen macht Mühe.
Etwas Schlechtes dazulernen macht Spaß.
Jacques Tati

Besonders den ersten Satz kann ich unterschreiben – doch der Spaß soll auch nicht zu kurz kommen..."

Georgia Diesener

Frau Diesener ist Künstlerin, Designerin und Grafikerin. Sie wuchs in Bamberg auf und lebt seit 1970 in München. Seit 14 Jahren im Ruhestand, ist sie nach wie vor freiberuflich als Künstlerin tätig.

Für den AHA engagierte sie sich maßgeblich für die Raumgestaltung des Treffs. Ihr graphisches Knowhow kommt dem Arbeitskreis bei der Gestaltung von Flyern und Aushängen zu Gute. Auf Ihre Initiative hin wurde das monatliche Frühstück für die Siedlung entwickelt. Auch die Idee für das Sonntagscafé stammt von ihr. Sie wurde kürzlich vom Alte Heimat Treff (Jane Addams Zentrum e.V.) übernommen und erfolgreich verwirklicht.
Zusammen mit Frau Lukas vertritt sie den AHA bei der GEWOFAG, dem Kommunalreferat und ebenso bei öffentlichen Auftritten.

„Man kann nicht alt genug werden, um immer noch Erfahrungen zu sammeln."

Der folgende Text entstand aus einem Gespräch mit *Irene Lukas*.

Wie lange leben Sie schon hier?" – Auf diese Frage antwortet Frau Lukas: „Ich weiß es gar nicht so genau. Über 10 Jahre." Wie viele, zog sie aus finanziellen Gründen in die Alte Heimat. Daneben wollte sie nach einem Unfall ihre Wohnsituation vorsorglich verändern. Nachdem sie einen Antrag gestellt hatte wurde ihr in der Alten Heimat eine Wohnung angeboten, die ihr dann nach ein paar bürokratischen Schwierigkeiten im zweiten Anlauf zugesagt wurde. Über die Siedlung hatte sie sich bis zu ihrem Umzug keine großen Gedanken gemacht. Lediglich, dass sie sich von ihrem Bekanntenkreis in dem Viertel, in dem sie zuvor gelebt hatte, entfernte, war ihr bewusst gewesen.

Frau Lukas gehört zum AHA – Alte Heimat Arbeitskreis. Bereits bei der Initialphase während des Sommerfestes der Alten Heimat, 2012, war sie – aus Neugierde – dazugestoßen, „...in erster Linie um informiert zu sein darüber, was passiert und was nicht passiert. Das war der eigentliche Grund. Engagieren wollte ich mich eigentlich nicht."

Doch „dann kam der Stein ins Rollen, dann fing die Geschichte an...oder die Arbeit!" Nach den anfänglichen Zielfestlegungen wurden schon bald die Aufgaben und Zuständigkeiten verteilt. „Irgendwann wurde das Fell des Bären verteilt – wer macht was, und dann blieben die Finanzen bei mir hängen."

Frau Lukas arbeitete früher in der Erwachsenenbildung. Nach ihrem eigentlichen Ruhestand, blieb sie in der Branche, arbeitete allerdings im Bereich Buchhaltung weiter. Durch diese Arbeit kennt sie sich mit dem Thema Finanzen aus. Sie weiß, was man mit öffentlichen Geldern machen kann und was nicht. Und so macht sie die Gruppe darauf aufmerksam, wenn ihr Vorgehen nicht klappen wird, wenn andere Wege gefunden werden müssen. - „Das war schon recht dienlich, dass ich ein bisschen Ahnung hatte, was man darf und was man nicht darf."

Zu ihrer Erfahrung in finanziellen Fragen, bringt sie noch eine kommunikative Ader in die Gruppe mit. „Locker vom Hocker" – das ist ihre Art, und mal jemanden aus der Reserve locken – das kann sie.

Im Selbsthilfezentrum präsentierten sie ihre Initiative, den AHA, „blauäugig", aber „– mit Erfolg!". Über das Selbsthilfezentrum wird Geld bei der Stadt im Sozialreferat beantragt, das die Arbeit unterstützt. Durch diese Unterstützung konnten sie schließlich einen Raum einrichten, der als Treffpunkt dient. Ein wichtiger Ort für den Arbeitskreis. Denn ihre selbsternannte Aufgabe nehmen sie sehr ernst: Um aktiv für die Belange der Nachbarschaft einstehen zu können, finden regelmäßig Treffen statt: „Seitdem läuft das – mit Arbeit – jeden Montag." Mittlerweile hat sich ihr Umfeld daran gewöhnt, dass Frau Lukas montags keine Zeit hat.

Ihre Freunde machten sie nun regelmäßig auf Artikel über die Alte Heimat aufmerksam. Selbst ihre ortsfremden Bekannten verfolgten die Geschehnisse in der Alten Heimat über die Zeitung.

Durch die Arbeit im AHA konnte sie so einige Erfahrungen sammeln: „Durch die Mieterinitiative kann man doch was erreichen, wenn auch nicht alles, aber immer wieder ein Stück." Sie merkt es auch in den verschiedensten Bereichen ihres Alltags: „Man kann nicht alt genug werden, um immer noch Erfahrungen zu sammeln."

Die Hauptthemen des AHA sind derzeit die Renovierungsarbeiten und der anstehende Neubau in der Siedlung. Wichtige Aufgabe ist es dabei, nicht nur den Stiftungszweck der Siedlung zu vertreten, sondern auch mit produktiven Zielen die Nachbarschaft. Brennendes Thema ist unter anderem die Bewohnerstruktur. - Frau Lukas sagt: „Uns wäre es lieb, wenn es hier mehr durchmischt wird, dass mehr Familien dazu kommen." Dazu wäre es wichtig, die Einstellung „Wir brauchen das, aber bitte nicht vor meiner Tür!" zu überwinden. – „Man ist schon so, man muss sich dran gewöhnen, aber es ist sehr wichtig, denn die Alten sind schon sehr eingefahren."

„Lassen wir uns also überraschen, was die Neubauten bringen. Wir werden weiter dabeibleiben!"

„Das war das Positive, dass ich sie daheimlassen konnte."

Hermann Wandinger über seine Mutter, Frau Norma Wandinger

Der folgende Text entstand aus einem Gespräch mit *Hermann Wandinger*.

Herr W. lebte zunächst ab 1961 in der Alten Heimat, bis er 1983 sein Elternhaus verließ. Zuvor hatte seine Familie am Chiemsee gelebt. Seine Mutter, Norma Wandinger aber, war eine „alte Münchnerin". Sie habe sich „immer so über die Siedlung gefreut". Vor allem die modernen Annehmlichkeiten, eine Zentralheizung und rund um die Uhr Warmwasser, habe sie geschätzt. Dort, wo jetzt das ASZ steht, habe es früher einen Sparmarkt gegeben, erzählt er. Seine Mutter habe dort von Anfang an als Kassiererin gearbeitet und kannte deswegen „Gott und die Welt". Als sich die Marktstrukturen änderten, seien die Leute aber nur noch gekommen, um „Schnittlauch und die Bild zu kaufen", wie Norma W. zu sagen pflegte. Das Geschäft wurde schließlich aufgelöst. Später habe sie jedoch weiterhin Austausch mit ihren Nachbarn gehabt. Dafür hätten vor allem ihre Hunde beim Spazierengehen gesorgt – „Die waren immer ein Gesprächsthema."

Vor etwa 10 Jahren, wurde die alte Dame dann pflegebedürftig. „Sie gehörte zu den Bewohnern, die am längsten in der Siedlung lebten." Herr W. begann sie damals, zusammen mit Pflegekräften zu versorgen. „Ich habe ihr früher immer versprochen, dass sie nie in ein Pflegeheim muss." Obwohl es für ihn nicht leicht war, sagt er: „Das war das Positive, dass ich sie daheim lassen konnte." Die Wohnung war glücklicherweise groß genug, um später eine 24-Stunden-Pflege zu organisieren. Er kam zurück aus Nürnberg und zog schließlich wieder in die Alte Heimat, schaffte es dort ein Ein-Zimmer-Appartement zu bekommen. Auch das war für ihn eine große Erleichterung. Mit einem Schmunzeln erzählt er von der Freude der Mutter über sein Appartement: „Dann brauchst du auch so einen schönen Schrank, wie ich habe" hätte sie immer gesagt. „Ein hässliches Trumm" meint Herr W., aber: „Es war halt einfach nett".

Mittlerweile ist Frau W. verstorben. In ihren letzten Jahren wurde sie dement. In dieser Zeit sei der Hospizdienst Da-Sein e.V. eine große Unterstützung gewesen. Auch die AWO sei eine Hilfe gewesen. Herr W. erzählt, wie schön die Arbeit von Da-Sein gewesen sei: „Was die in den Leuten noch einmal wecken können! Die haben mit ihr gesungen. Obwohl sie sich an fast nichts mehr erinnerte, sang sie mit. Die Lied-Texte saßen so tief."

Herr W. lebt nach wie vor in der Siedlung, obwohl er viel Zeit bei seiner Partnerin verbringt. Ab und an wird er noch auf seine Mutter angesprochen. Viele der Leute in der Siedlung würden sich noch an sie erinnern. Er mag den Zusammenhalt in der Siedlung und kommt oft zu den Treffen der Bewohner_innen, zum Erzählen, sich austauschen. Er ist auch in der vor eineinhalb Jahren gegründeten Schafkopf-Runde. Sie sind vier bis fünf Kartenspieler, die sich jeden Donnerstag treffen. Alle sechs Wochen bekommt er für ein paar Tage Besuch von seiner kleinen Tochter. Dann unternehmen sie viel in München. Und auch beim großen Frühstück, das einmal im Monat in der Alten Heimat für die Bewohner_innen stattfindet (organisiert vom AHA – Alte Heimat Arbeitskreis), ist sie dabei.

„Meine Mutter hat sich riesig darüber gefreut, wieder in München zu sein."

Der folgende Text entstand aus einem Gespräch mit *Frau Schöttl*.

Frau Schöttl zog bereits 1961, als eine der ersten, in die Alte Heimat. Die damals 22-jährige bezog gemeinsam mit ihrer Mutter eine Wohnung. Bis heute lebt sie in der Siedlung und ist damit eine der „Ureinwohner_innen".

Nachdem sie während des zweiten Weltkrieges in der Paul-Heyse-Straße in München ausgebombt wurden, lebten Mutter und Tochter in Lohhof, bis sie über das Lastenausgleichsgesetz* in die Zschokkestraße in der Alten Heimat ziehen konnten. Ihre Mutter habe sich riesig darüber gefreut, wieder in München zu sein.

* Präambel (Einleitung) des Lastenausgleichgesetzes aus dem Jahr 1952: „In Anerkennung des Anspruchs der durch den Krieg und seine Folgen besonders betroffenen Bevölkerungsteile auf einen die Grundsätze der sozialen Gerechtigkeit und die volkswirtschaftlichen Möglichkeiten berücksichtigenden Ausgleich von Lasten und auf die zur Eingliederung der Geschädigten notwendige Hilfe [...], hat der Bundestag mit Zustimmung des Bundesrates das [...] Gesetz beschlossen."

1969 wurde dann ihr Sohn geboren. Damals hätte es „eine tolle Nachbarschaft" gegeben. Der Sohn habe auch einen Freund in der Siedlung gehabt. „Die beiden stellten alles Mögliche an, einmal zum Beispiel, turnten sie auf der Baustelle des Alten Service Zentrums herum." Heute kann sie darüber lachen. Viele der damaligen Nachbarschaft seien aber bereits gestorben. Als ihre Mutter 1986 verstarb wollte sie mit ihrem Sohn in der Siedlung bleiben. „Es war schwierig die Wohnung auf mich umzuschreiben." Doch schließlich zogen sie in eine kleinere Wohnung nebenan. Ein Bekannter der Kirche habe ihr dabei helfen können, da er Kontakte zur CSU hatte.

Ihr Sohn arbeite nun auch bei der Kirche, in einem evangelischen Pfarramt „gleich hier in der Nähe". Jeder kenne ihn dort. Er sitze außerdem im Bezirksausschuss. Sie sei sehr stolz auf ihn. Als er feierlich in der Kirche aufgenommen wurde, war sie auch dabei. Hinten habe sie die Zeremonie beobachten wollen, doch dann sei sie nach vorne gebeten worden - auch sie wurde mit einem Blumenstrauß geehrt. Damit habe sie nicht gerechnet. Sie war ganz überwältigt.

Heute lebt Frau Schöttl alleine. Ihr Sohn kommt sie einmal die Woche besuchen. Vor etwa drei Jahren ist sie gestürzt und hat seitdem große Schmerzen. Für die 75-jährige ist es seither auch beschwerlich, ihre Wohnung im vierten Stock zu verlassen. Im Zuge der Neubaumaßnahmen wird sie aber umziehen müssen. Sie sei bereits bei der GEWOFAG für eine neue Wohnung angemeldet.

„Das Leben ist das Leben, man muss es eben leben, wie es ist. Vom Schicksal bleibt man nicht verschont."

Der folgende Text entstand aus einem Gespräch mit *Frau Zovko*.

Frau Zovko und ihr Mann kamen in den 70er-Jahren nach Deutschland aus dem damaligen Jugoslawien, aus einer Region im heutigen Kroatien nahe der Grenze zu Bosnien. Zunächst lebten sie acht Jahre in der Lerchenau und zogen dann in die Alte Heimat nach Laim. Schon über 24 Jahre wohnen sie inzwischen hier. Die Wohnung hätten sie damals schnell und unkompliziert bekommen. Wegen gesundheitlicher Schwierigkeiten ihres Mannes wurde es ihnen vor einiger Zeit auch ermöglicht, die Wohnung innerhalb der Siedlung zu wechseln. Sie sind froh über den Umzug vom dritten in den ersten Stock, ihre neue Wohnung sei aber sehr feucht. „Es gibt immer was.", sagt sie und erzählt, dass sie außerdem seit fünf Jahren mit den Tauben kämpfen. „Ich bin so ein Mensch, ich mag es sauber, dass alles in Ordnung ist."

Als 1991 der Krieg in Kroatien ausbrach floh ihre Tochter mit ihrem damals sechs Jahre alten Sohn und ihrem serbischen Mann nach Deutschland. Hier arbeiteten beide sechs Jahre lang, ihr zweiter Sohn wurde hier geboren. Dann aber, 1998, wurden sie abgeschoben, die Familie wanderte in die USA aus, wo sie bis heute lebt. Die beiden Enkelsöhne von Frau Zovko studieren heute dort. Alle seien sehr fleißig.

Ab und an käme ihre Tochter nach Europa, doch nur einmal konnten sie sie in Amerika besuchen. Die Flüge seien einfach zu teuer. Ihre Tochter und Enkelkinder so selten zu sehen schmerzt Frau Zovko. In ihre alte Heimat Kroatien fuhren sie und ihr Mann hingegen regelmäßig, um Freunde und Verwandte zu treffen. Doch mittlerweile ist es sehr schwierig für sie geworden, selbst so lange zu fahren, nun sind sie auf Freunde oder Bekannte angewiesen, die sie mit dem Auto mitnehmen können.

Ihr Mann arbeitete früher als Spritzlackierer und wurde wegen starker Rückenschmerzen Frührentner. Sie selbst war „mal hier, mal dort." Deutsch habe sie nur über das Sprechen gelernt.

Sie sagt: „Das Leben ist das Leben, man muss es eben leben, wie es ist. Vom Schicksal bleibt man nicht verschont."

Sie macht sich Sorgen um die Zukunft. „Bei mir geht´s noch, ich bin einigermaßen gesund, aber mein Mann..." Aber: „Ich bin immer noch temperamentvoll. Von allen meinen Geschwistern bin ich die lustigste. Sie sagen immer ‚Ohne die Luci geht nichts!'" Gottseidank habe sie viel Familie, Brüder und Neffen hier, in ihrer Nähe. Auch ihre Nachbarschaft schätzt sie sehr. So kümmert sie sich nicht nur um ihren 83-jährigen Mann. Auch einigen aus ihrer Nachbarschaft hilft sie im Alltag, beispielsweise beim Einkaufen. „Als Nachbar möchte ich gerne immer so sein!"

„Ich habe gelernt, nicht zu urteilen. Das hilft im Leben. Vor allem wenn man neu in ein Land kommt."

Der folgende Text entstand aus einem Gespräch mit *Hassan Ali Djan*.

Herr Ali Djan lebt seit 2013 in der Alten Heimat.

In seiner ersten Heimat Afghanistan verlor er als Elfjähriger seinen Vater und war von da an für den Lebensunterhalt der Familie verantwortlich. Immer auf der Suche nach Arbeit kam er 2005 als Sechzehnjähriger schließlich über die Türkei und Griechenland zufällig nach Deutschland. Anfangs fiel es ihm schwer, seine neue Umgebung zu verstehen, mit der Zeit aber fand er sich zurecht und heute fühlt er sich angekommen.

Die ersten ungewissen Jahre in der Gemeinschaftsunterkunft seien nicht einfach gewesen, doch er habe viel gelernt. „Manche Sachen versteht man schnell, manche spät, manche nie." Dass die anderen Bewohner_innen sein Schicksal teilten, habe ihn getröstet und er habe von den Erfahrungen anderer lernen können. In dieser Zeit habe er viel nachgedacht. Wenn ihn etwas verwunderte, fragte er sich: Woher weißt du, dass das nicht richtig ist? Du kennst das einfach nur noch nicht! „Ob du willst oder nicht, du lernst viele neue Kulturen kennen." „Ich habe gelernt nicht zu urteilen. Das hilft im Leben. Vor allem, wenn man neu in ein Land kommt."

Als Analphabet, keiner Fremdsprache mächtig, war besonders die Kommunikation eine Herausforderung. In seinem ersten Jahr in Deutschland konzentrierte er sich voll auf den Sprachunterricht – damals sei es aber sehr schwer gewesen einen Kurs zu finden. Im zweiten Jahr konzentrierte er sich auf die Vorbereitung auf den Qualifizierenden Hauptschulabschluss. Mit Neunzehn begann er eine dreieinhalbjährige Ausbildung zum Elektroniker. Weil er gute Noten hatte und auf er Schule zusätzlich Englisch gelernt hatte, wurde ihm mit dem Abschluss auch der Mittlere Bildungsabschluss zuerkannt. Sein Glück sei es gewesen, bereits nach zwei Jahren als Flüchtling anerkannt worden zu sein. Dennoch sei ihm viel Skepsis begegnet.

Ab 2008 lebte er im Stadtteil Solln in einer Wohngemeinschaft für unbegleitete Heranwachsende, die das Amt für Wohnen und Migration betreute. Mit seinem Mitbewohner hatte er Probleme und so wandte er sich an Herrn Fritz vom Amt für Wohnen und Migration und schilderte ihm seine Situation. Herr Fritz und seine Mitarbeiter_innen halfen ihm und vermittelten ihm eine Wohnung in der Alten Heimat. Und tatsächlich, habe er an dieser Nachbarschaft bisher nur gute Seiten entdeckt: Von hier aus, ist man schnell in der Stadt. Er kann hier nach der Arbeit viel mehr unternehmen, er hat mehr Zeit. „Ich fühle mich sehr wohl hier, weil du einerseits nah am Zentrum bist, andererseits das nicht fühlst. Es ist weitläufig hier, ruhig und grün. Da mit viel Abstand gebaut wurde, hat man eine freie Sicht. Das ist viel wert!" Die Siedlung ist die einzige „Ecke Münchens" die er kenne, die so einen Charakter hat.

Wichtig sei es ein Dach über dem Kopf zu haben, um sich wohlzufühlen. „Ich brauche keine luxuriöse Wohnung, in die ich alles Geld stecke, das ich verdiene." Denn „Materialistisches kommt und geht. Man hinterlässt im Endeffekt nur, was man macht." Mittlerweile lebt er mit seiner Frau gemeinsam in der Zwei-Zimmer-Wohnung, wo sie auch zu zweit genug Platz hätten. Er ist nach wie vor zufrieden. Die Nachbarschaft sei nett. Es gäbe unterschiedliche Generationen. „Viele erzählen, wenn man sich draußen trifft, wobei die älteren zurückhaltender sind - leider." Insgesamt sei es in der Alten Heimat aber viel einfacher, in Kontakt mit der Nachbarschaft zu treten, als in der Gegend in der er früher wohnte. Er meint, dort sei das wohl wegen der verschiedenen sozialen Schichten und der Einfamilienhausstruktur schwieriger gewesen.

Hier kennt er vor allem einige der neu hergezogenen, jüngeren Siedlungsbewohner, die auch aus Afghanistan stammen. Eine gute Nachbarschaft sei Herrn Ali Djan wichtig. In seinem Haus ist er in Kontakt mit zwei älteren Damen, die er in den ersten Tagen nach seinem Einzug kennenlernte und mit denen er sich auf Anhieb gut verstand. Als er sich bei den anderen Bewohner_innen im Haus als neuer Nachbar vorstellen wollte, hätte ihm zunächst keiner geöffnet. Daraufhin bat er die beiden Damen, die er bereits kannte um Unterstützung. Als er mit ihnen gemeinsam kam, wurden ihm schließlich die Türen geöffnet.

2015 erhielt Herr Ali Djan die deutsche Staatsbürgerschaft. 2015 veröffentlichte er auch seine Biografie: „Afghanistan. München. Ich. Meine Flucht in ein besseres Leben".

„Die Stiftungssiedlung hat einen historischen Wert. Ihr Aufbau war verknüpft mit einer großen Hilfsbereitschaft."

Der folgende Text entstand aus Gesprächen mit *Herrn W.*

Seit 23 Jahren wohnt Herr W. nun schon in der Alten Heimat. Die Stiftungssiedlung hat für ihn einen „historischen Wert". Ihr Aufbau war verknüpft mit einer großen Hilfsbereitschaft in der Nachkriegszeit. Er erinnert sich noch gut an die damalige Spendenaktion: Kinokarten, mit jeweils fünf Pfennig Aufpreis zugunsten der Alten Heimat. So wurde die Siedlung auch `Fünferl-Siedlung` genannt.

Seine frühe Kindheit verbrachte Herr W. in Schlesien. Um 1945 zwangen die Auswirkungen des Krieges die Familie, ihre Heimat zu verlassen und sich auf eine lange Flucht über die damalige Tschechoslowakei und Wien zu begeben. Der damals Zehnjährige und seine Familie dachten zunächst, sie könnten wieder zurückkehren und wollten das auch „ganz schwer". Die Flucht beinhaltete viele chaotische Momente und war, wie Herr W. beschreibt, von „Lebensangst" geprägt. Immer wieder Fliegeralarm, Geschützdonner und der Aufenthalt in überfüllten Bunkern. Über einige Umwege gelangte die Familie schließlich nach München, wo sie zunächst bei Verwandten Unterschlupf fand. Auch dort gab es, manchmal jede Nacht, Fliegeralarm.

Die Nachkriegszeit war geprägt von großen Entbehrungen: Es fehlte an Nahrung, Schulbildung und Wohnraum. In seiner Erinnerung war es „eine ganz harte Zeit".

Nach Abschluss der achten Klasse absolvierte Herr W. eine Lehre als Werkzeugmacher und arbeitete bei Siemens. Dort erlebte er im Rahmen des großen Metallstreiks 1954 die fristlose Entlassung seiner gesamten Abteilung. Zwar folgte die Wiedereinstellung, aber den Mitarbeiter_innen, die sich am Streik beteiligt hatten, blieben von da an Aufstiegschancen verwehrt. Er entschloss sich daraufhin, den Arbeitgeber zu wechseln.

Herr W. interessiert sich für den Charakter der Siedlung, für die Natur und die Bewohner_innen. Das Verständnis füreinander liegt ihm am Herzen.

Vor fünf Jahren beunruhigte eine Mitteilung im Münchner Merkur die Bewohner_innen der Siedlung, in der es hieß, in der Alten Heimat müsse mit Abbruch und Wiederaufbau gerechnet werden. „Viele waren der Meinung, eine Stiftungssiedlung könne nicht aufgelöst werden, doch das ist leider nicht so." Dass nachverdichtet werden müsse, kann Herr W. ja verstehen, aber er sagt: „Ich bin ein Mensch, der die Natur liebt, und weiß was sie, die grüne Lunge, wert ist." Er sorgt sich, um die weitläufigen Grünflächen mit beachtlichem Baumbestand. 70 Jahre lebt er nun schon in München und in dieser Zeit hat er stets gehört, dass das Grün in der Stadt erhalten werden solle. Auch wurde er oft von den „alten Herrschaften" angesprochen, dass sich keiner um sie kümmere. Er wollte, dass sie im Geschehen berücksichtigt werden.

Also wurde er aktiv. Mit Frau Painta (Psychosoziale Beratung) und Frau Butterfield (jaz, Leitung Alte Heimat Treff), besuchte er die jährliche Bewohnerversammlung Laims. Dort trugen sie Mitgliedern des Stadtrats, des Kommunalreferats, der Stadtverwaltung, der Regierung und insgesamt 250 Bürger_innen aus Laim, die Anliegen der Alten Heimat vor. Sie beantragten, dass Vertreter_innen der Siedlung zukünftig an Gesprächen bezüglich ihrer Heimat teilnehmen dürften. Der Antrag wurde angenommen.

Herr W. ist „stolz auf die Satzung der Alten Heimat". In Zukunft möchte er aber von seinem Engagement zurücktreten, aus gesundheitlichen Gründen und um seinen Ruhestand in Ruhe zu verbringen.

„Es gibt viele Angebote für die Leute. Das ist toll"

Der folgende Text entstand aus einem Gespräch mit einer Bewohnerin der Siedlung.

Sie lebt seit zwölf Jahren in München, seit vier Jahren in der Alten Heimat. Hier fühlt sie sich wohl.

Ihre erste Wohnung in der Alten Heimat hat sie sich damals nicht ausgesucht, doch sie war damit zufrieden. Einfach war der Umzug jedoch nicht, denn die gelernte Einzelhandelskauffrau stand damals kurz vor ihrer Abschlussprüfung. Letztes Jahr musste sie dann erneut umziehen. Auch sie war direkt von den Neubaumaßnahmen in der Alten Heimat und dem damit verbundenen Abriss einiger Häuser, betroffen. Glücklicherweise konnten bei diesem Umzug ihre Wünsche berücksichtigt werden. Es war ihr wichtig, in der Gegend wohnen bleiben zu können, da ihr Sohn hier bereits einen Kindergarten besuchte. Der Umzug aber war mit ihrem kleinen Sohn wieder sehr schwierig.

An der Siedlung schätzt sie besonders die Ruhe. Sie denkt, die ruhige Atmosphäre kommt vor allem daher, dass hier viele ältere Menschen leben. Auch die vielen Angebote für die Nachbarschaft findet sie toll. Für ältere Menschen sind das die Tanzabende und Kaffeerunden, aber auch Angebote, die den Alltag erleichtern, wie ein Kopierservice oder ein Briefmarkenverkauf vor Ort. Für Jüngere nennt sie die Reparatur-Hilfen für technische Geräte und Fahrräder und die

Informationsveranstaltungen zu verschiedenen Themen, wie zum Beispiel Energiesparen. Auch ein Computerkurs sei nun geplant. Beim letzten Brunnenfest kam die Idee dazu auf. Sie selbst beteiligt sich stets an den Sommerfesten und bringt etwas Selbstgekochtes mit. Zu den Weihnachtsfesten kommt sie aber nicht, da sie in der Regel sonntags stattfinden und sie da in die Kirche geht.

Seit einem Jahr wohnt sie nun in unmittelbarer Nähe der Alten Heimat. Sie ist zufrieden mit ihrer Wohnung, in der sie und ihr Sohn nun mehr Platz haben. Lediglich ein richtiger Spielplatz fehlt. In der Nähe gibt es nur einen sehr kleinen, der mit großzügigen Sitzgelegenheiten vor allem Jugendliche anlocke. „Zum Spielen gibt es hier fast nichts. Wenn vier oder fünf Kinder da sind, ist schon alles besetzt." Etwas zum Klettern, zum Beispiel würde sie sich für ihren Sohn wünschen.

Dieses Jahr war die Alte Heimat zum ersten Mal beim jährlich vom Amt für Wohnen und Migration organisierten Fußballturnier mit einem Team vertreten. Sie war dabei. Die Teilnehmer kommen aus verschiedenen Wohnprojekten und Wohngemeinschaften des Amts für Wohnen und Migration in ganz München. Viele sind gekommen. Auch das, sagt sie, war eine tolle Veranstaltung.

„Mit Martin vom ASZ bin ich früher rumgegangen. Wir haben Sachen repariert, Radios zum Beispiel."

Der folgende Text entstand aus einem Gespräch mit *Gianni Scorca*.

Herr Scorca kam 1980 aus Italien nach Deutschland. Er hatte vor, hier nur ein paar Jahre zu arbeiten, doch dann blieb er. 28 Jahre lang lebte er zunächst in Ingolstadt. Der gelernte Elektriker war anfangs im Gastronomiebereich tätig, doch das Arbeiten am Wochenende gefiel ihm nicht, und so ging er auf den Bau. „Da ist es gut gelaufen." Er habe gut verdient und machte drei Prüfungen: Für den Kanalbau, für die Arbeit mit Lasern und als Kranführer. Später in München, war er, unter anderem, am Bau der U-Bahn nach Trudering und der S-8 Richtung Flughafen beteiligt.

Doch dann traf ihn 1999 ein schwerer Arbeitsunfall. Seither habe er starke Probleme mit seinen Beinen und seiner Bandscheibe. Er war lange im Krankenhaus und wurde arbeitsunfähig. Später kam ein Blasentumor hinzu. Viermal wurde er operiert. Früher habe er „gute Beine" gehabt, und „viel Kraft". Doch heute sei „alles kaputt". Dabei würde der Frührentner gerne noch arbeiten. „17 Jahre schon, habe ich nicht mehr gearbeitet, darf ich keine 10 Kilo mehr tragen!" Gerne zeigt er ein Foto von sich, vor dem Unfall.

Wegen der Arbeitslosigkeit und seiner Scheidung, musste er auf einmal mit viel weniger Geld auskommen. Das zu akzeptieren, scheint ihm heute noch schwerzufallen. Heute sei er „wie ein armer Hund". Auch zu seinen drei erwachsenen Kindern habe er seit der Scheidung keinen Kontakt mehr. Eine Tochter lebt in Italien, eine Tochter und ein Sohn in München.

Seit 2008 wohnt er in der Alten Heimat. Hier geht er oft in der grünen Umgebung mit Rocky, seinem fünf Jahre alten Pudel-Rüden, spazieren. „Das Leben ist so", sagt er, „jeden Tag musst du kämpfen". Und so dreht er täglich eine Runde mit seinem Hund, kämpft tapfer eine Stunde lang mit seinen Beinen. Es gehe schon viel besser. „Manchmal läuft es gut, manchmal nicht." Dann bleibt er zu Hause.

In der Siedlung versteht er sich vor allem gut mit seinen direkten Nachbarinnen. „Mit Martin, vom ASZ, bin ich früher rumgegangen", erzählt er, „wir haben Sachen repariert, Radios zum Beispiel." Mit Frau Grulich (AWO) werde er bald einen neuen Antrag stellen. Noch 3 Jahre, dann werde er Vollrente bekommen.

Als Frau Butterfield vom Alte Heimat Treff ihn fragte, ob er zum Großen Kreis käme, der monatlichen Informations-Veranstaltung für alle Bewohner_innen der Alten Heimat, habe er geantwortet: „Natürlich komme ich zur Betriebsversammlung, das ist für uns!" - „Ein Gewerkschafter durch und durch", meint Frau Butterfield.

Zum Leben in Deutschland sagt er: „Gott ist gleich, nur die Sprache klingt ein bisschen anders."

Und zu den Renovierungen in der Alten Heimat? – „Baustelle - das ist mir egal", das kenne er ja.

„Es tut sich was mit Lärm – im Haus und um unseren Hausblock herum. Ein positiver Lärm – man muss es nur richtig sehen und hören."

Der folgende Text entstand auf Basis eines von *Christian Polt* verfassten Briefes.

Aufgrund eines schweren Unfalls mit langfristigen Auswirkungen, zog Herr Polt im Frühjahr 1999 in die Alte Heimat. Die Umstellung auf sein neues Umfeld und die Bewältigung der aus dem Unfall resultierenden Probleme, bezeichnet der ehemalige Wirt als „Eine Herausforderung auf lange Zeit".

„Das Leben ist der größte Wert. Ich hatte Glück im Unglück. Mit etwas Verzögerung nahm ich wahr, welch großzügig angelegte Parklandschaft ringsum ist. Sehr viel Kraft und positive Stimmung gaben und geben mir bis heute diese Wiesen und Bäume... Lernen musste ich, das Leben in der Siedlung anzunehmen – alles war anders als das bisherige Stadtleben. Meine Lebenslage hat sich genauso verändert – also ein Neubeginn in vielerlei Hinsicht."

Zu seiner ersten Zeit in der Alten Heimat sagt er: „Ich ging auf die Leute zu – ein mühsames Abwarten der Kontaktaufnahme wollte ich damit vermeiden. Im Hause durchwegs ältere Personen, hatte ich sofort das Gefühl, herzlich willkommen zu sein. Gefälligkeitsdienste etc. wurden mir zur täglichen Gewohnheit. Dieses Tun und Handeln baute mich selbst auf."

„Alles lief gut, zumindest die ersten Jahre." – Mit dem Ableben der alteingesessenen Generation und dem „zunächst fließenden Wandel der Bewohner, besonders aber durch den krassen Umbruch der Mieterschaft in den letzten Jahren", sei der freundliche Umgang in der Nachbarschaft stark zurückgegangen. Hinzu kamen mit dem Wechsel der Liegenschaft 2011/12 zur GEWOFAG, „chaotische Zustände" und „große Unruhe bei den Bewohnern, mit Gerüchten im Übermaß."

„Diese ungewisse Zukunft ging mir persönlich sehr nahe: Mein liebgewonnenes „Zuhause" verlieren? Heute dagegen sehe ich mit Optimismus und Freude einer gesicherten Bleibe in meiner Wohnung entgegen. Die jetzigen, im Brief der GEWOFAG formulierten „Unannehmlichkeiten durch Bauarbeiten", nehme ich gerne in Kauf. Wir wurden gut informiert, auch durch Informationsabende vom AHA [Alte Heimat Arbeitskreis]. Alles wurde gut vorbereitet und organisiert. Hierzu seien noch der Einsatz von Frau Painta [Psychosoziale Beraterin] und Frau Butterfield [Alte Heimat Treff und Community Organizing] für die Bewohner zu erwähnen – auch er sollte gewürdigt werden."

„Es tut sich was mit Lärm – im Haus und um unseren Hausblock herum. Ein positiver Lärm – man muss es nur richtig sehen und hören." Wie die Bauarbeiter zu Werke gehen, schwere Arbeiten leisten, und sich gegenseitig unterstützen verdiene großen Respekt: „Ja – diese Leute haben sehr wohl den Sinn und Zweck einer harmonischen Arbeitsgemeinschaft verstanden und praktizieren es. – Dazu sei mir der Hinweis auf eine funktionierende Hausgemeinschaft gestattet."

„Ab Sommer 2016 habe ich freiwillig meinen Balkon für verschiedene Probearbeiten zur Verfügung gestellt. Dieser Beitrag hat für mich selber einen hohen Wert: Im Ergebnis sehe ich ein Wohlbefinden in meiner Wohnung, im Hause und einer neu gestalteten „Alten Heimat" – eine Siedlung der besonderen Art. Ich bin dankbar hier wohnen zu dürfen."

„Mein Wunsch: Mögen doch die Bewohner Selbstverständlichkeiten eines Zusammenlebens erneuern und auch die Renovierung, die Schritt für Schritt vorangeht – das braucht Zeit, akzeptieren. Das ist eine Zielsetzung zum eigenen Wohlbefinden mit wenig Aufwand. Alles im Leben ist möglich – nur unterschiedlich wahrscheinlich!"

„Wer helfen kann, in jeder Richtung, soll dies tun.“

Der folgende Text entstand aus einem Gespräch mit *Herrn Arabi* über die Frage, warum er sich für die Bewohner_innen engagiert.

Herr Talib Arabi, 86 Jahre alt, ist in Haifa geboren und hat in Palästina, Jordanien und seit 1960 in Deutschland gelebt. Er war zunächst selbstständiger Kraftfahrer und arbeitete nach seinem Umzug nach München als Vorarbeiter einer Schlosserei am U- und S-Bahn-Netz mit. Seit dreizehn Jahren wohnt er im Thomas Wimmer Haus in der Alten Heimat.

„Man könnte aus meinem Leben ein Buch machen. Als ich Kind war, haben die Engländer nur für die Kinder von arabischen Beamten die Schule geöffnet. Ich habe keinen Platz im Internat bekommen und konnte später nicht studieren. Ich bin stolz auf junge Leute, die Interesse daran haben, etwas zu bewirken, die studieren, die für die Zukunft arbeiten. Gott hat uns alle geschaffen, Juden, Beduinen, Palästinenser... uns alle zu gegenseitigem Respekt geschaffen.“

„Wer helfen kann, in jeder Richtung, soll dies tun. Ich mache alles, was ich kann. Wegen meines Alters kann ich nicht viel tragen, aber ich kann bedienen: Übersetzen, Nachrichten mitteilen, helfen mit Briefen, was meine Mitbewohner eben brauchen. Ich bin für die gute Sache dabei. Ich bin immer dafür. Ich bin stolz auf den AHA und Frau Butterfield, wirklich, weil sie aus Menschenliebe arbeiten. Das ist eine gute Sache. Dass manche Leute nicht mitmachen, macht mich traurig.“

„Traurig bin ich auch darüber, dass Herr Massenhauser, den wir ‚Bürgermeister vom Thomas Wimmer Haus‘ nannten, im Sommer von uns gegangen ist. Bis heute trauern wir um ihn. Er hat allen geholfen und uns gut vertreten. Er hatte immer Zeit für unser Haus.“

„Wenn Sie mich brauchen, bin ich da.“

Die Alte-Heimat-Hörgeschädigten-Gruppe:

„Für uns ist es wichtig, dass wir alles mitbekommen durch die Dolmetscherinnen."

Der folgende Text entstand aus einem Gruppen-Gespräch mit hörgeschädigten Bewohner_innen, unterstützt von einer Dolmetscherin.

In der Siedlung leben, unabhängig voneinander, derzeit neun Gehörlose, Schwerhörige und Sprachgeschädigte, darunter Herr N., Herr Z. und ein Ehepaar.

Mike N. ist 1989, als 19-jähriger, in die Siedlung gezogen. Damals absolvierte er seine Ausbildung an der Gehörlosenschule in Johanneskirchen. Da er sich in seinem Elternhaus nicht mehr wohlfühlte, wollte er ausziehen. Die Schule half, und vermittelte ihm einen Sozialarbeiter. Dieser unterstütze ihn bei der Antragsstellung. So erhielt er ein 1-Zimmer-Appartement in der Alten Heimat. 15 Jahre lang lebte er dort. Doch es wurde ihm, auch aus gesundheitlichen Gründen, zu eng und zu stickig in der kleinen Dachgeschosswohnung. So wurde ihm mit Hilfe eines Attests, 2004, nach fast zwei Jahre langen Bemühungen, eine 2-Zimmer-Wohnung mit Balkon zugestanden. Hier war er auf Anhieb sehr glücklich und findet es noch heute sehr angenehm hier zu wohnen. Über seine Nachbarschaft meint er: Von der älteren Generation kenne er viele. Leider seien einige bereits weggestorben. Dadurch sei es unpersönlicher geworden. Er habe keine Beschwerden, und niemand beschwere sich über ihn.

Zwei kleine Anekdoten hat er jedoch: Ein älterer Nachbar rief einmal die Polizei, da er dachte Herr N. hätte Marihuana-Pflanzen auf seinem Balkon. „Der dachte schon er kriegt mich dran! – Aber nichts." Die Polizei, die er höflich hereinbat, musste einen Fehlalarm feststellen. Eine Nachbarin beschwerte sich einmal über den lauten Fernseher, um 12 Uhr nachts. Mit einem Schmunzeln erzählt er heute, er hätte gar nicht gemerkt, dass dieser an war. Er entschuldigte sich also, und passt seitdem besonders gut auf.

Michael Z. zog am 1. November 2000 in eine 1,5-Zimmer-Wohnung der Alten Heimat. Nachdem seine Mutter verstorben war, mit der er bis dato in Neuperlach zusammengelebt hatte, war er gezwungen umzuziehen. Per Post wurde er vom Wohnungsamt über neue Wohn-Optionen benachrichtigt. Die ersten drei Optionen lehnte er ab. Darunter war auch eine Wohnung im Thomas-Wimmer-Haus in der Alten Heimat, was ihn entrüstete - er dachte er solle in ein Altenheim, mit damals gerade einmal Ende 20! Die nächste Option, auch in der Alten Heimat, allerdings in der Zschokkestraße, sagte er schließlich zu. Herr Z. schätzt besonders die gute Anbindung der Siedlung. Das Appartement aber, ist ihm zu klein und „viel zu warm". Mit seiner Nachbarschaft ist er zufrieden. Doch er bedauert, dass viele „alte, nette Leute" schon verstorben seien. Herr N. und er liefen sich eines Tages in der Siedlung über den Weg. Sie hatten sich in der Stadt kennengelernt und waren erstaunt, nun Nachbarn zu sein. Und auch ehemalige Schulfreunde von ihm wohnen hier. Er selbst bezeichnet sich als „Super-Hirn", denn er könne sich alle Gesichter merken. Deswegen fühle er sich manchmal wie im Geheimdienst. So fällt ihm auch auf, dass es vermehrt Einzüge in der Siedlung gibt, von ehemaligen Flüchtlingen.

Das Ehepaar kam 2004 in die Alte Heimat. Die Frau lebte zunächst in der Nähe des Leonrodplatzes, wo sie ihren Mann kennenlernte. 2002 zogen sie zusammen in eine Wohnung Nähe des Romanplatzes, die sie mit Hilfe eines Maklers fanden. Mit der Wohnung waren sie jedoch nicht zufrieden. Über einen Antrag auf eine Sozialwohnung, wurden sie schließlich an ihre jetzige Wohnung vermittelt. Eine Beratung durch das Wohnungsamt half dabei. Die beiden fühlen sich nun sehr wohl. Die Wohnung habe eine gute Raumaufteilung und sei sehr hell, die Umgebung schön grün, und die Nachbarn seien sehr freundlich. „Man grüßt sich." Nur der Boden und die grün-braunen Fliesen seien veraltet und gefallen ihnen nicht.

Der Ausblick auf die Renovierungen stimmt die Gruppe hoffnungsvoll. Sie alle würden sich über eine Modernisierung freuen; vor allem ein „neuer Anstrich" würde guttun: Eine hellere Fassade und weiße Fliesen in Küche und Bad.

Für die Nachbarschaftstreffen seien die Gehörlosen auf die Ankündigungen per Aushang und E-Mail oder auch Whats-App-Gruppenchat, angewiesen. Bei den Treffen gehe es den meisten vor allem um die Themen der Sanierung. Die Frau meint: „Für mich ist es wichtig, dass wir alles mitbekommen durch die Dolmetscherinnen. So könnten auch Missverständnisse vermieden werden." Zu den Freizeitangeboten meint Herr N.: Ein paar Mal war er da. Doch meistens könne man sich dort nur unterhalten, und das sei eben schwierig. Man müsse Mut haben, um auf Gehörlose zuzukommen. Leute seien unterschiedlich. - „Ich denke, viele kommen nicht klar mit meiner Behinderung. Wie soll man auch kommunizieren?"

Herr N. hat noch einen Tipp: Er beobachte, dass kaum ehemalige Flüchtlinge zu den Treffen in der Alten Heimat kommen, und meint: Vielleicht gäbe es ja ein Sprachproblem. Mehrsprachige Aushänge zu den Treffen würden bestimmt helfen. So könnten die Einladungen auch verstanden werden. Man könne ja nicht erwarten, dass sie sofort Deutsch verstehen.

Auf die Frage hin, ob sich die Gehörlosengruppe mehr nachbarschaftliche Interaktion wünsche, sind sich alle einig: Eine gute Nachbarschaft sei ihnen wichtig, aber es gäbe noch einen Unterschied zwischen Nachbarn und Freunden. Ihre freie Zeit widmeten sie den Freunden. Schließlich sind die meisten berufstätig. Mit der Kommunikation in der Alten Heimat, insbesondere über das Jane Addams Zentrum, seien alle zufrieden. Es wäre aber schön, wenn ein paar Mitarbeiter_innen die Gebärdensprache lernten.

Die Lebenshilfe-Gruppe in der Alten Heimat:

„Wir werden von den anderen Bewohnern in der Siedlung als normal angesehen. – Wie in der Arbeit!"

Der folgende Text entstand aus einem Gespräch mit neun Bewohner_innen und einem Betreuer der Lebenshilfe-Gruppe in Laim.

In der Alten Heimat leben derzeit zehn (ab Oktober 2017, elf) Menschen mit geistiger Behinderung. Auf die Siedlung verteilt, wohnen sie in Einzelappartements oder Zweier-WGs. Viele von ihnen meistern ihren Alltag fast selbstständig und bekommen nur eine geringe Unterstützung von pädagogischen Fachkräften, andere erhalten -noch- mehr Betreuung.

Das Konzept dahinter nennt sich „Ambulant unterstütztes Wohnen". Es ist ein „Trainings-Wohnen", welches die Eigenständigkeit der Bewohner_innen als Ziel hat. Jeweils fünf Jahre haben sie dafür Zeit, dieses Ziel zu erreichen. Das Konzept ist vom Bezirk vorgegeben und basiert auf einem neuen EU-Projekt, erklärt Josef Röger.

Josef Röger ist ein Mitarbeiter in der Lebenshilfe der Siedlung. Er meint, das Projekt sei ehrgeizig, und funktioniere - gerade bei Jüngeren - häufig erfolgreich. So seien bereits einige aus der Alten Heimat ausgezogen und lebten nun eigenständig. Für die Menschen im Alter werde es aber häufig schwieriger, nochmal so viel Elan und Ehrgeiz aufzubringen. Manche leben schon lange in der Siedlung und wurden nun von dem Projekt überrascht – bis dato konnten sie auf Dauer bleiben und wurden betreut. Ein älterer Bewohner beispielsweise zog erst kürzlich um, in eine Wohngruppe, wo die Betreuung ohne Ziele weiterhin gegeben ist, da ihm die neuen Ansprüche zu anstrengend waren.

Generell gilt aber: Die Menschen leben freiwillig hier. Das ist gleichzeitig eine der Voraussetzungen: Man muss hier wohnen wollen. Eine andere Voraussetzung für das Wohnen in der Siedlung ist ein Arbeitsplatz. Dabei gibt es sogenannte Außenarbeitsplätze und Innenarbeitsplätze.

Innenarbeitsplätze werden von der Lebenshilfe betreut. Die meisten der Bewohner_innen in Laim arbeiten in den Werkstätten der Lebenshilfe. Sie sind in der Manufaktur einzelner Bauteile für die Fahrzeugindustrie tätig. Andere haben Außenarbeitsplätze. Eine Bewohnerin arbeitet als Putzkraft, eine andere Dame in der Küche einer Kita. Wieder ein anderer Bewohner erzählt, er habe acht Jahre in der Küche des Pasinger Krankenhauses gearbeitet, doch nun aufgehört, da er den Druck dort nicht mehr aushielt. Nicht selten sind auch lange Arbeitswege ein Grund für einen Stellenwechsel. Doch auch der Wunsch nach Weiterentwicklung oder Veränderung kann natürlich ein Grund sein. So sagt die als Putzkraft tätige Frau: „Ich weiß nicht, ob ich mich nicht doch mal verändern möchte. Auf Dauer ist das doch nichts, immer für fremde Leute zu putzen." Für die Gruppe aber mache ihr das nichts aus.

Die Bewohner_innen haben einen Treffpunkt in der Siedlung: Eine Wohnung mit Büro für die Betreuer und Küche und Wohnzimmer als Gemeinschaftsräume. Hier wird gemeinsam gekocht und gegessen. Jeden Dienstag- und Donnerstagabend, sowie Samstag- und Sonntagmittag. Die Selbstversorger bedürfen der gemeinsamen Mahlzeiten am wenigsten, doch nehmen sie dabei teilweise als vorbereitende Hilfen teil. Dabei werden die Aufgaben verteilt. Denn jeder hier kann das ein oder andere besser als der andere. So ergänzen sie sich in der Gruppe.

Jeden Dienstag findet außerdem der Wohngruppenabend für alle statt. Gemeinsam mit einem Betreuer werden dann aktuelle Themen besprochen.

Den Bewohner_innen gefalle es in der Siedlung, weil sie hier ein freundschaftliches Umfeld hätten. „Ich bin mit sehr vielen hier befreundet." sagt eine Bewohnerin. Über die weitere Nachbarschaft sagen sie dagegen: „Wir kennen die kaum." Aber sie berichten auch: „Wir werden von den anderen Bewohnern in der Siedlung als normal angesehen." –

„Wie in der Arbeit!" Eine Frau erzählt, sie sei im freundschaftlich nachbarschaftlichen Kontakt mit einer Dame im Haus, die ihr auch aus der Arbeit bekannt ist.

In ihrer Freizeit unternehmen sie die unterschiedlichsten Dinge: Zum Beispiel Kino- oder Filmabende mit Freunden. Ein paar der Bewohner_innen haben sich kürzlich für regelmäßige Schwimmabende organisiert. Generell ist die Sportbegeisterung unter den Bewohner_innen auffällig. So war ein Bewohner bereits mit Judo bei Olympia in Athen vertreten, ein anderer gewann bei den Special-Olympics eine Goldmedaille im Tischtennis, eine Bewohnerin holte bei den Special-Olympics sogar zwei Mal Gold im Kraulen – an nur einem Tag.

Die Aktionen vom Alte Heimat Treff begrüßen sie. Eine Bewohnerin findet besonders den kürzlich veranstalteten Flohmarkt gut und viele erinnern sich gerne an die Rallye durch die Siedlung. – „So was könnt's mal wieder machen!" Wünsche und Anregungen haben sie auch: Von Bewegungsmeldern bei den Müllhäuschen bis zu einem „romantischen" Pavillon auf den weiten Wiesen. Und auch hier freut man sich auf den Abschluss der Bauarbeiten: „Ich finde es schon ein bisschen traurig, dass man den Balkon so lange nicht betreten kann. Wenn meine Freundin zu Besuch ist sitzen wir normalerweise gerne draußen."

Die Menschen, die hier leben, haben in der Regel eine seelische oder eine Lern-Behinderung. Eine Bewohnerin erläutert: „Jeder braucht woanders Hilfe. Der eine bei der Sprache, der andere beim Putzen und wieder jemand anderes beim Umgang mit Geld." Herr Röger formuliert das so: „Das ist einfach ein Hilfebedarf. Jeder braucht doch irgendwo Unterstützung."

Eine Neue Heimat - Bewohner_innen mit Fluchthintergrund:

„Eine friedliche und nette Nachbarschaft"

Der folgende Text entstand aus Einzelgesprächen mit Bewohner_innen der Alten Heimat.

In der Alten Heimat leben einige Menschen, die in den letzten Jahren aus ihrer Heimat fliehen mussten, eine alleinerziehende Mutter, eine alleinstehende Frau, drei alleinstehende Männer und drei junge Familien berichten im Folgenden über ihr Leben in der Alten Heimat.

Sie wohnen bereits zwischen drei Monaten und drei Jahren in der Siedlung und sie leben grundsätzlich gerne in der Alten Heimat. Manche Wohnungen seien schön hell, und alle hätten einen Ausblick ins Grüne. Die Infrastruktur sei gut und man sei schnell in der Innenstadt, die Umgebung sei schön grün. "Ich fühle mich hier irgendwie frei." meint einer.

Viele sprechen von der „friedlichen und netten Nachbarschaft". Eine Mutter erzählt, sie sei mit einer älteren Dame in Kontakt gekommen. Diese hätte ihr angeboten, auf ihr Kind aufzupassen und sogar am Geburtstag ihres Kindes einen Kuchen und ein Geschenk vorbeigebracht. Während Familien und die, die schon eine ganze Weile in der Siedlung leben, von einem oberflächlichen, jedoch freundlichen Kontakt zu den Nachbarn berichten, erzählen die Alleinstehenden, die erst kurze Zeit in der Siedlung wohnen, überwiegend, sie würden eher misstrauisch beäugt. Zwei der Befragten fühlten sich durch ihre Nachbarn sogar kontrolliert. Ein junger Afghane, der bereits seit mehreren Jahren in der Siedlung wohnt, gibt im Gegensatz dazu an, einen sehr guten Kontakt zu den Nachbarn zu haben und ihnen auch des Öfteren bei handwerklichen Aufgaben zur Hand zu gehen.

Die gemeinsamen Aktionen, das Sommer- und das Weihnachtsfest gefielen vielen, sie möchten auch in Zukunft mitfeiern. Auch die Fahrradreparaturen und den Werkzeugverleih nutzen einige gerne. Den Alte Heimat Treff und das ASZ nehmen sie als positiv wahr und die Beratungsstelle in der Siedlung betrachten viele als eine gute und notwendige Unterstützung.

Mehrere äußern aber Sorgen in Bezug auf den Zustand der Wohnungen. Diese seien alt und Schimmel ein Problem. Außerdem sei die Siedlung nicht familienfreundlich gestaltet. Die Wohnungen seien einfach zu klein für größere Haushalte und es fehlten Spielplätze, Angebote für Kinder. "Hier gibt es so viel Platz, doch nichts für Kinder zum Spielen" sagt eine Mutter. "Viele Kinder in der Siedlung gehen nicht raus, da sie keine Möglichkeit zum Spielen haben" sagt eine andere Mutter, und merkt an, ein Ort, an dem Kinder spielen sei gleichzeitig ein Treffpunkt, wo Eltern in Kontakt kommen könnten. Und Treffpunkte für Kinder, Eltern und Jugendliche vermissen die Bewohner_innen. Durch die Sanierungspläne der GEWOFAG fühlen sich einige verunsichert. Vor allem die alleinstehenden Männer bangen um ihre Wohnungen. Sie machen sich Sorgen, keine Wohnung mehr in der neuen Alten Heimat zu bekommen und, auf dem angespannten Münchner Wohnungsmarkt kaum Chancen zu haben. Diese Sorge verunsichert die jungen Männer und belastet ihr tägliches Leben.

Bewohner_innen
-Meinungen

Zur Gemeinschaft

So sehe ich die Siedlung...

Ich schätze an der Siedlung....

Zur Gemeinschaft

„Ich habe eine Nachbarin, mit der ich öfter gemeinsam koche, da hilft man sich gegenseitig aus! Es gibt auch Nachbarn, die mir mit meinem Rollator behilflich sind."

„Die Bewohner der Siedlung nutzen das ASZ gerne, da viele oft nicht weit gehen können und hier einen Raum in der Nähe haben, wo sie sich treffen und auch mal einen ganzen Nachmittag dort verbringen können, ohne etwas konsumieren zu müssen."

„Die große Vielfalt an unterschiedlichsten Personengruppen, welche in der Siedlung leben, u. A. Gehörlose oder Flüchtlinge, erlebe ich als bereichernd. Ich nutze die Begegnung und das Gespräch, um Menschen kennen zu lernen und Vorurteile abzubauen."

„Es werden Feste organisiert, wie etwa das Oktoberfest im ASZ, zu dem viele gerne kommen, fast noch lieber als auf die umtriebige echte Wiesn."

„Die Nachbarschaft verändert sich. Die Alten sind gestorben und die Jungen, die nachgekommen sind, grüßen nicht einmal mehr. Das vermisse ich!"

„Viele erzählen, wenn man sich draußen trifft. Aber die Älteren sind leider zurückhaltender."

„Ich bin schon immer ein unternehmungslustiger Kerl gewesen, der interessiert war an den verschiedenen Kulturen in fremden Ländern. Bis heute bin ich offen und lasse mir schon mal den Koran zeigen."

„Ich engagiere mich für meine Nachbarn. Ich helfe zum Beispiel beim Verfassen eines Briefes oder gebe Nachhilfe."

„Ich bedauere es, wenn man negativ über Fremde spricht. Man lernt die Leute erst richtig kennen, wenn man sich mit ihnen abgibt."

„Man kommt hier halt nicht weiter, weil man das Geratsche hat. Das macht die Siedlung aus, das macht sie lebenswert."

„Ich finde, dass die Migranten eine Chance hier im Land haben sollen, da ich selbst unfreiwillig aus meiner damaligen Heimat flüchten musste und eine schwere Zeit durchgestanden habe."

So sehe ich die Siedlung...

„Der Name ist Programm: Heimat zu bieten und nachbarschaftliches Leben zu fördern.“

„Einen dörflichen Charakter hat die Siedlung zwar nicht, aber man kennt sich untereinander.“

"Ich fühle mich hier irgendwie frei..."

„Ich finde die Wohnungen haben Atmosphäre. Sie sind zwar kein prachtvoller Altbau, aber auch kein steriler Neubau. Kleinigkeiten gehen immer wieder kaputt. Einerseits ist man dadurch ständig beschäftigt. Andererseits kann man so auch mehr gestalten.“

„Ich kenne die Siedlung schon seit meiner Kindheit, sogar noch aus der Zeit als das hier noch eine Schäferwiese war. Heute gehe ich hier gerne spazieren. Die Anlage ist wie ein Park, so schön weitläufig und grün.“

„Beliebte Treffpunkte in der Siedlung sind für die jüngeren Menschen die Sitzbänke auf den Wegen und Grünflächen. Kinder treffen sich gerne am Brunnen. Die älteren Menschen bevorzugen das ASZ als Treffpunkt und belegen dort Kurse, wenn sie noch fit sind.“

„Hier bin ich frei, auch mit Rollstuhl!“

„Ich würde jedem empfehlen, hier zu wohnen, weil es so ruhig und günstig ist.“

„Die Wohnungen sind sehr hellhörig und der Geräuschpegel, gerade im Sommer auch auf den Terrassen und Balkonen sehr hoch. Wen das nicht stört, bekommt eine Wohnung mit Atmosphäre und wunderschöne Grünanlagen vor der Haustüre.“

„Jeder hier hat schon irgendwas an seiner Wohnung gemacht, aber wenn man was macht, heißt das ja auch, dass man mit der Wohnung zufrieden ist, sonst würde man ja kein Geld reinstecken.“

"Eine friedliche und nette Nachbarschaft"

„Die Architektur unterscheidet sich von den damals üblichen Bauweisen. Keine eintönigen Blöcke, phantasielos aneinandergereiht.

Die Siedlung wird durch unterschiedliche Haustypen geprägt: Punkthäuser, zwei- und dreistöckige Geschossbauten, rechtwinklig zueinander angeordnet. Weiträumige Innenhöfe mit altem Baumbestand und individuellen Vorgärten garantieren ein hohes Maß an Lebensqualität."

Ich schätze an der Siedlung....

...die großflächigen Grünanlagen und die dadurch entstehenden Naturerlebnisse. Dafür, dass man so zentral wohnt, hat man doch noch einige Naturerlebnisse.
...dass wir auch viele Tiere haben, wie Fledermäuse, Spechte, Eichhörnchen oder Igel - die sind immer ein Erlebnis für die Bewohner!

...den Kontakt unter den Bewohnern, die Aufmerksamkeit mit der sich die Menschen begegnen.

...die gute Anbindung an das öffentliche Verkehrsnetz.
...die Nähe zur Stadt und die gute Infrastruktur.
...dass man alles für den täglichen Bedarf und darüber hinaus in absoluter Nähe hat.
...die Nähe zu Lebensmittelgeschäften, meinem Friseur, Drogeriemärkten und auch guten und günstigen Restaurants.

...das ASZ als Treffpunkt, als Ort, um günstig zu essen oder Kaffee zu trinken, und als Ort der Chorprobe.
...das Reparatur-Angebot des Alte Heimat Treffs.
...die Hilfe und Informationen, durch den AHA, den Alte Heimat Treff und die MitarbeiterInnen der AWO.

... die Teppichstangen und Wäscheleinen auf den Wiesen.
... die Atmosphäre der Wohnungen. Sie sind kein prachtvoller Altbau, aber auch kein steriler Neubau. Kleinigkeiten gehen immer wieder kaputt. Dadurch ist man ständig beschäftigt, man kann so aber auch mehr gestalten.

Wer arbeitet für die Alte Heimat ?

Da die Alte Heimat eine städtische Soziale Siedlung für überwiegend bedürftige, betagte und körperlich oder geistig behinderte Menschen ist, gibt es zahlreiche Einrichtungen, die die Siedlung verwalten oder vor Ort für die Menschen arbeiten.

Im Folgenden wird ein Überblick über diese Einrichtungen gegeben. Anschließend werden einzelne dieser Einrichtungen und Einzelpersonen vorgestellt.

Die Beiträge entstanden zumeist aus von den Einrichtungen eigens verfassten Texten, teilweise wurden sie auf Basis von Gesprächen zwischen Studierenden oder der Projektleitung mit den betreffenden Einrichtungen, beziehungsweise der diese vertretenden Person, von den Herausgebern verfasst.

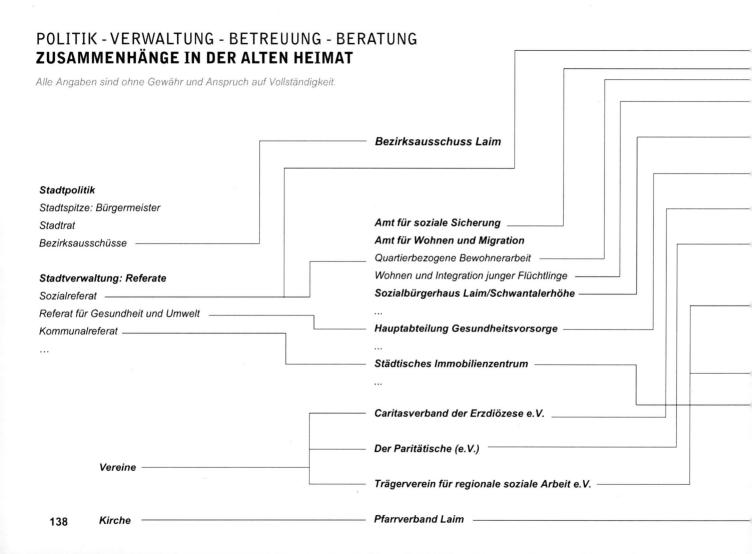

POLITIK - VERWALTUNG - BETREUUNG - BERATUNG
ZUSAMMENHÄNGE IN DER ALTEN HEIMAT

Alle Angaben sind ohne Gewähr und Anspruch auf Vollständigkeit.

Bezirksausschuss Laim

Stadtpolitik

Stadtspitze: Bürgermeister

Stadtrat

Bezirksausschüsse

Stadtverwaltung: Referate

Sozialreferat

Referat für Gesundheit und Umwelt

Kommunalreferat

...

Amt für soziale Sicherung

Amt für Wohnen und Migration

Quartierbezogene Bewohnerarbeit

Wohnen und Integration junger Flüchtlinge

Sozialbürgerhaus Laim/Schwantalerhöhe

...

Hauptabteilung Gesundheitsvorsorge

...

Städtisches Immobilienzentrum

...

Caritasverband der Erzdiözese e.V.

Der Paritätische (e.V.)

Vereine

Trägerverein für regionale soziale Arbeit e.V.

Kirche **Pfarrverband Laim**

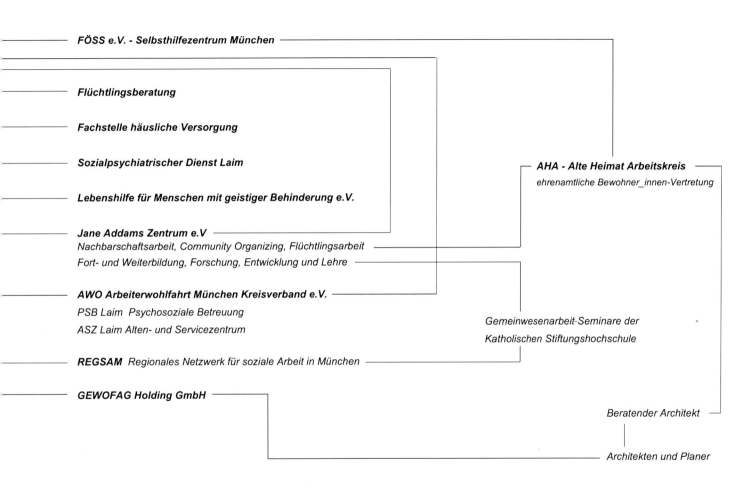

FÖSS e.V. - Selbsthilfezentrum München

Flüchtlingsberatung

Fachstelle häusliche Versorgung

Sozialpsychiatrischer Dienst Laim

Lebenshilfe für Menschen mit geistiger Behinderung e.V.

Jane Addams Zentrum e.V
Nachbarschaftsarbeit, Community Organizing, Flüchtlingsarbeit
Fort- und Weiterbildung, Forschung, Entwicklung und Lehre

AWO Arbeiterwohlfahrt München Kreisverband e.V.
PSB Laim Psychosoziale Betreuung
ASZ Laim Alten- und Servicezentrum

REGSAM Regionales Netzwerk für soziale Arbeit in München

GEWOFAG Holding GmbH

AHA - Alte Heimat Arbeitskreis
ehrenamtliche Bewohner_innen-Vertretung

Gemeinwesenarbeit-Seminare der
Katholischen Stiftungshochschule

Beratender Architekt

Architekten und Planer

Zu den Hl. Zwölf Aposteln

Politik

Stadtrat und Bezirksausschuss 25 Laim: Alexandra Gaßmann (CSU)– Stadträtin und Mitglied im BA 25

Stadtrat und
Bezirksausschuss 25 Laim

Der folgende Text entstand aus einem Gespräch mit *Alexandra Gaßmann*.

Seit 2005 ist die neunfache Mutter politisch aktiv, seit 2008 ist sie im Bezirksausschuss Laim (CSU) und seit 2016 Stadträtin. Ihre Themen sind Bildung, Soziales und Umwelt. Als Seniorenbeauftragte lernte sie die Alte Heimat kennen. Seit ihrem ersten Eindruck, den sie im Thomas-Wimmer-Haus (TWH) bekam, wollte sie immer mehr über die Alte Heimat erfahren. „Das Haus hat mir optisch nicht gut gefallen, umso interessierter war ich. Als ich aber die Herbstlaube (Tagespflege) betrat, war ich sehr positiv überrascht von der angenehmen Atmosphäre und Wärme, die diese Einrichtung ausstrahlte."

Dass viele die Alte Heimat gar nicht kennen, wundert sie nicht: „Auch ich habe schon viele Jahre in Laim gewohnt, ohne etwas über die Alte Heimat zu wissen. Was mich ebenfalls nicht wundert, ist der teilweise schlechte Ruf der Alten Heimat, was jedoch nichts mit den Bewohnern, sondern mit dem schlechten Zustand der Gebäude zu tun hat. Weil Menschen nach dem urteilen, was sie sehen, sie gehen nicht in die Tiefe; machen sich nicht die Mühe, Leute aus der Alten Heimat kennen zu lernen. Würde man die Siedlung anhand ihrer Bewohner beurteilen, würden Leute bestimmt anders über sie denken. Gerade deshalb ist das Nachbarschaftsprojekt von Frau Butterfield (jaz) sehr wichtig. Wichtig ist es hierbei vor allem die Geschichte der Menschen sichtbar zu machen. Natürlich haben alle Menschen ihre Probleme und gerade in der Alten Heimat sind oftmals mehr Probleme versammelt – was im Grunde aber auch im Stifterwillen so formuliert worden ist. Aber auch Menschen mit Problemen haben eine Geschichte. Und diese Geschichte sichtbar zu machen – das ist meiner Meinung nach das Wichtige. Klar kann sich ein junger Mensch anders präsentieren als ein 75-jähriger Mann, der schwer zuckerkrank ist, an der Dialyse hängt und von Grundsicherung lebt. Aber auch dieser Mann hat ein Leben, eine Geschichte hinter sich gebracht, die durchaus interessant ist. Das ist das, was ich mir immer denke. Schau tiefer und schaue mit dem Herzen."

Auch die Geschichte der Alten Heimat sei sehr bedeutsam. Deswegen stellte sie Anträge, um Zeitzeugnisse, wie beispielsweise den Stifterbrunnen, zu erhalten. Wichtig sei es ihr auch den Grundstein zu finden: „Vermutet wird, dass der Grundstein in der Frontreihe im Keller begraben ist. Die Stadt München weiß jedoch bis heute nicht, wo dieser Grundstein ist, was ich sehr schade finde. Das ist auch ein Fakt, wie man mit dem Andenken dieser Geschichte letztendlich umgeht."

Sich selbst beschreibt sie als jemanden, der „gerne zackig an die Sachen rangeht." Vermutlich deswegen ist sie besonders begeistert davon, wie hier Probleme angegangen werden. „Eine große Stärke der Siedlung sehe ich darin, wenn es Probleme gibt, diese zu benennen und dann Abhilfe zu schaffen." Als Beispiel nennt sie den neuen Aufzug des Thomas-Wimmer-Hauses, dessen schneller Bau „nur durch die gute Zusammenarbeit aller möglich war." „Der AHA hat maßgeblich dazu beigetragen die Gemeinschaft unter den Bewohnern zu stärken, sowie das Selbstbewusstsein der Bewohner, für ihre Wünsche einzustehen und sich nicht einfach abspeisen zu lassen. Besonders wichtig ist, dass der AHA die Menschen sehr gut begleitet und ihnen wichtige Dinge verständlich erklären kann." Denn: „Das Gespräch von Angesicht zu Angesicht, ist manchmal mit nichts zu bezahlen; Der beste Weg ist immer der direkte!" Zum Alte Heimat Treff des Jane Addam Zentrums e.V. und dem Alten-Service-Zentrum sagt sie: „Das ASZ und jaz haben diese verstaubten Diamanten wieder ausgestaubt und zu Tage gefördert".

Sie ist der Meinung, dass die Bewohner nicht unbedingt an der alten Satzung festhalten werden. „Ich denke die Bewohner erkennen, dass in Zukunft eine Mischung stattfinden wird, was jedoch gemeinsam, über den AHA, besprochen werden sollte." Eine Satzung zu verändern sei aber ein schwieriger und langwieriger Prozess, der mehrere Jahre andauert. Das sei auch gut so, denn so könne man den Stifterwillen nicht so leicht verdrängen. „Wenn 2023 die neuen Gebäude stehen, habe ich Scherzes halber schon darüber nachgedacht, wie es wäre hierherzuziehen. Allgemein kann ich es mir jedoch gut vorstellen, da ich sehr gerne in Laim wohne. Ich könnte mir gut vorstellen, in der Alten Heimat alt zu werden."

Verwaltung

Quartierbezogene Bewohnerarbeit   *Beate Wieja - Sozialpädagogin*

GEWOFAG Wohnungsbaugesellschaft   *Dr. Klaus-Michael Dengler - Sprecher der Geschäftsführung*

Amt für Wohnen und Migration
Quartierbezogene Bewohnerarbeit (QBA)

Der folgende Text entstand aus einem Gespräch mit *Beate Wieja*.

Frau Wieja ist Diplom-Sozialpädagogin und arbeitet im Sozialreferat im Amt für Wohnen und Migration im Bereich Quartierbezogene Bewohnerarbeit (QBA). Die Abteilung QBA betreut die Münchener Nachbarschaftstreffs und setzt die Entscheidungen der Politik um. Gemeinsam mit dem Alte Heimat-Treff, der vom Jane Addams Zentrum e.V. (jaz) geleitet wird, vereinbart das QBA die jährlichen Ziele für die Nachbarschaftsarbeit in der Siedlung und koordiniert die städtische Finanzierung.

Grundlage der Nachbarschaftsarbeit in der Alten Heimat sind die Stadtratsbeschlüsse zur Mieterbeteiligung. Eine QBA-Aufgabe ist es, in Gremien die Bedeutung dieser Beschlüsse klarzustellen. Die QBA hat stets den Ansatz des Community Organizing, wie er von jaz praktiziert wird, für die Alte Heimat befürwortet und unterstützt.

Über den 2012 gegründeten AHA – Alte Heimat Arbeitskreis - wird die Mitsprache der Mieter_innen gesichert. Der AHA, unterstützt von jaz, steht im Kontakt mit den Bewohner_innen und dem Koordinationsgremium. Dieses Koordinationsgremium setzt sich zusammen aus Vertreterinnen und Vertretern der Stadtverwaltung, der Verwaltung der Siedlung (GEWOFAG), der Politik und den sozialen Einrichtungen vor Ort. Hier werden die Entwicklungen der Umgestaltung der Siedlung, sowie dadurch anfallende Gegebenheiten behandelt und bearbeitet.

Über Monatstreffen findet ein Informationsaustausch statt. Hier werden die Mieter_innen über Neuerungen in der Siedlung informiert und nach ihren Wünschen und Meinungen gefragt, um diese anschließend gegenüber Amt und Referat zu vertreten. „Das ist eine schwierige Aufgabe. Es ist bemerkenswert, wie sich der Kreis in diese Arbeit eingefunden hat."

Durch die Aktivierung der Nachbarschaft über die Monatstreffen, diverse Angebote und Feste, haben sich auch viele Freiwillige aus dem Kreis der Bewohner_innen gefunden, die Verantwortung übernehmen und sich organisieren. Es werden Buffetspenden und Kuchen für Feste und das monatliche offene Frühstück beigetragen, betagte oder mobilitätseingeschränkte Nachbarn abgeholt und vieles mehr, alles ganz selbstverständlich. „Das ist eine tolle Entwicklung."

Eine weitere Entwicklung, deren Auswirkungen Frau Wieja beim letzten Brunnenfest beobachten konnte, ist die Veränderung der Bewohnerstruktur. „In den letzten Jahren kamen zu den Alten die Jungen. Das hat meiner Meinung nach die Nachbarschaft aufgelockert. Mit der guten Begleitung durch die sozialen Einrichtungen vor Ort, ist das positiv gelaufen." Eine weitere wichtige Aufgabe des AHA wird es nun sein, die Änderung des Stiftungsauftrags zu begleiten, eine Änderung, die durch die geplanten Neubaumaßnahmen unmittelbar bevorsteht. – „Auch das ist eine sehr schwierige Aufgabe, da von vielen Seiten Begehrlichkeiten bestehen."

„Ich bin der Meinung, dass eine sehr gute Arbeit von Seiten des Community Organizing geleistet wurde, denn das Ergebnis ist beeindruckend: Zu sehen, dass die Leute, die zunächst zurückhaltend und unsicher wirkten, nun aufstehen und für sich und ihre Nachbarschaft eintreten."

Die Entwicklungen in der Alten Heimat seien faszinierend, meint Beate Wieja, der AH-Treff ein Paradebeispiel für die Wirkung der Nachbarschaftstreffs. „Die Feststellung der Wirkungen der Quartierbezogenen Bewohnerarbeit ist ein wichtiges Thema in unserer Arbeit." In der Alten Heimat könne man sehen, wie die Teilnahme der Bewohner_innen und ihr Zugang zu Information Solidarität bewirke, Selbsthilfekräfte entwickelt und Stärken zu Tage fördert. - „Die Erfahrung der Selbstwirksamkeit stärkt die einzelnen Menschen und fördert somit die gesamte Gesellschaft."

Eine tolle Entwicklung. Beeindruckend. Faszinierend.

Die Erfahrung der Selbstwirksamkeit stärkt die einzelnen Menschen und fördert somit die gesamte Gesellschaft.

Beate Wieja
Sozialpädagogin

GEWOFAG Wohnungsbaugesellschaft

Die Siedlung Alte Heimat behutsam erneuern und ergänzen

Die GEWOFAG wird in den nächsten Jahren im Auftrag des Kommunalreferats, das die Bürgerstiftung der Alten Heimat vertritt, die Siedlung Alte Heimat behutsam erneuern und ergänzen. Wir bauen eine Kindertageseinrichtung, einen Nachbarschaftstreff, drei Tiefgaragen – und, besonders wichtig in einer Stadt wie München: zehn Wohngebäude mit 333 neuen Wohnungen für ältere Menschen und Familien. Rund 140 alte, nicht mehr sanierungsfähige Bestandswohnungen fallen dafür weg. Über allem steht das Ziel, den klaren und qualitätvollen Charakter der Siedlung Alte Heimat mit ihren großzügigen Grünflächen zu erhalten.

Die Sanierung vieler Wohnungen läuft bereits. Uns ist bewusst, dass sie für die Bewohnerinnen und Bewohner mit Einschränkungen verbunden ist. Es handelt sich dabei um notwendige Maßnahmen, um zeitgemäßes und komfortables Wohnen zu ermöglichen. Wir sind überzeugt davon, dass die Mieter mit den modernen Wohnungen zufrieden sein werden.

Gerade die Betreuung der – oft älteren, teils eingeschränkten und kranken – Mieterinnen und Mieter durch unser Mieterzentrum, während der Sanierung und während der geplanten Neubaumaßnahmen ist eine anspruchsvolle Aufgabe. Die Maßnahmen im bewohnten Zustand durchzuführen, die teils nötigen Umzüge der Mieter zu organisieren und auf die unterschiedlichen Bedürfnisse der Bewohner einzugehen, erfordert viel Erfahrung und Fingerspitzengefühl.

Seit die GEWOFAG die Alte Heimat Ende 2012 vom Kommunalreferat in die Betreuung übernommen hat, haben meine Kolleginnen und Kollegen bei der GEWOFAG täglich mit den Mieterinnen und Mietern zu tun. Der Alte Heimat

Arbeitskreis (AHA) ist für uns ein wichtiger Partner – auch als Sprachrohr für die Mieter.

Die geplanten Maßnahmen in der Alten Heimat sind für uns eine große Aufgabe, die wir ernst nehmen. Wir sind deshalb sehr froh über die partnerschaftliche Zusammenarbeit mit dem Kommunalreferat und dem AHA.

Allen Aktiven im AHA danke ich an dieser Stelle sehr herzlich für ihr Engagement und freue mich auf die weitere Zusammenarbeit. Ebenfalls danke ich den Kolleginnen und Kollegen von Kommunalreferat und GEWOFAG für ihren Einsatz.

Dr. Klaus-Michael Dengler

v. l. n. r.:
Kristina Ermert
Sachgebietsleitung Instandsetzung

Oliver Lohse
Immobilienverwalter

Dr. Klaus-Michael Dengler
Sprecher der Geschäftsführung

Susanne Albert
Sachgebietsleitung Projektentwicklung

Julia Bobzien
Projektmanagerin Instandsetzung

Maria-Anna Grigoropoulou
Projektmanagerin Projektentwicklung

„Die GEWOFAG ist ein traditionsreiches Unternehmen der Landeshauptstadt München. Wirtschaftlichen Erfolg verbinden wir mit sozialer und ökologischer Verantwortung. Denn wir verstehen soziales Handeln und wirtschaftlichen Erfolg als Einheit und erwirtschaften das Geld, das wir für unser soziales Engagement brauchen. Investitionen in soziale Projekte nützen dem Unternehmen wirtschaftlich auf lange Sicht und sichern den sozialen Frieden in unserer Stadt. Wir übernehmen soziale Verantwortung, indem wir bezahlbaren Wohnraum für alle Münchnerinnen und Münchner schaffen. Besonders für Menschen, die auf dem freien Markt kaum eine Chance haben."

(gewofag.de -> Konzern -> Unsere Verantwortung)

Die GEWOFAG ist eine 100-prozentige Tochtergesellschaft der Landeshauptstadt München.
Sie hat acht Aufsichtsräte der Landeshauptstadt München als Gesellschafterin und vier Aufsichtsräte der GEWOFAG als Arbeitnehmervertreter. Vorsitzender des Aufsichtsrates ist OB Dieter Reiter

(Vgl.: gewofag.de -> profil)

Betreuung I Beratung

Der Alte Heimat Treff   *Hester Butterfield - Sozialpädagogin*

Wohnen und Integration junger Flüchtlinge   *Florian Fritz - Fachbereichsleitung*

ASZ Laim (Alten- und Servicezentrum)   *J.-Peter Pinck - Einrichtungsleiter*

PSB Laim (Psychosoziale Betreuung)   *Elisabeth Painta, Carina Grulich, Sabine Reinecke - Sozialpädagoginnen*

Lebenshilfe München   *Petra Loncar - stellvetretende Einrichtungsleitung*

Sozialpsychiatrischer Dienst Laim   *Uta Kesting - M.A. u. Dipl. Sozialpädagogin*

Kirche 12 Apostel, Laim   *Birgit Gammel - Pastoralreferentin*

Den AHA beratender Architekt   *Helmut Steyrer - Dipl. Ing. Architekt*

Nachbarschaftsarbeit in der Jubiläumsstiftung Alte Heimat:
Der Alte Heimat Treff
Träger Jane Addams Zentrum e. V.

In den rund 600 Wohneinheiten der Siedlung leben viele Mieter_innen mit ganz besonderen Voraussetzungen und auch Einschränkungen: Betagte Menschen, Menschen im Rollstuhl oder mit physischen und psychischen Erkrankungen, Menschen mit geistiger Behinderung, gehörlose Menschen und Geflüchtete.

Im Alte Heimat Treff lernen sie sich kennen und solidarisieren sich miteinander.

Auf 25 m² samt Teeküche und bei Bedarf in den Räumen des ASZ finden – oft gleichzeitig und nebeneinander - wöchentliche Treffen der Steuerungsgruppe der Bewohnerinitiative AHA statt, außerdem eine Fahrradwerkstatt, Offene Sprechstunden, Werkzeugverleih, Gruppengespräche mit Gebärdendolmetscherinnen für Hörgeschädigte, Öffentlichkeitsarbeit und Büroarbeit des AHA, Exkursionen von Studierenden der Sozialen Arbeit, Treffen mit Kommunalpolitiker_innen, Interviews und die Aufarbeitung der Ergebnisse von Aktivierenden Befragungen gemeinsam mit Studierenden, die Vorbereitung von regelmäßigen Frühstücken und Monatstreffen und Verhandlungen mit Behörden.

Seit 2015 ist der Raum immer mehr zur Begegnungsstätte und zum Zentrum der Kooperation zwischen den sozialen Einrichtungen und Bewohner_innen geworden. Am großen Trefftisch werden auch gemeinsame Veranstaltungen: Brunnenfest, Barbarafest, Flohmarkt, Weihnachtsmarkt besprochen. Hier sammelt sich auch alles, was dafür gebraucht wird: Dekorationsmaterial, Kinderspielzeug und vieles mehr. Bewohner_innen schauen vorbei und melden, was sie dazu beitragen oder kochen werden.

Hier bereiten sich Mitglieder des AHA auf die regelmäßigen Treffen mit Vertreter_innen der GEWOFAG und des Kommunalreferats vor und beraten sich mit Architekten und Planern. Community Organizer Trainer vom Forum Community Organizing bilden die AHA Mitglieder weiter aus. Mitglieder des AHA setzen Briefe an Behörden auf, lesen die Zeitung, entwerfen Flyer, es gibt Gespräche mit Pressevertreter_innen und Telefonate für Bewohner_innen, die einen Reparaturbedarf haben.

Angebote und Themen werden nach dem Ansatz des Community Organzing von den Bewohner_innen bestimmt und mit ihnen evaluiert. Das grundlegende Prinzip der Arbeit ist es, eine Plattform anzubieten, auf der sich Mieter_innen für ihre Ziele engagieren können. Für sie geht es um die Instandsetzung der lang vernachlässigten Gebäude, den Erhalt ihrer Lebensqualität und um eine gute Nachbarschaft.

Hester Butterfield, Vorstand Jane Addams Zentrum e.V. und Leitung Alte Heimat Treff

Das grundlegende Prinzip der Arbeit ist es, eine Plattform anzubieten, auf der sich Mieter_innen für ihre Ziele engagieren können.

l.: Hester Butterfield

Vorstand Jane Addams Zentrum e.V. und Leitung Alte Heimat Treff

Sozialpädagogin
Community Organizer

Die Arbeit in der Alten Heimat ist wichtig, da selbstgewonnene Veränderungen und Erfolge weit nachhaltiger und wertvoller sind als reine Hilfe-Erfahrungen.

r.: Lars Jakobeit

Mitarbeiter im Alte Heimat Treff

M.A. angewandte Bildungs- und Sozialwissenschaften
Community Organizer

Amt für Wohnen und Migration
Wohnen und Integration junger Flüchtlinge

Das Projekt ist ein erfolgreiches Beispiel dafür, wie unterschiedliche Zielgruppen, Kulturen und Altersstufen zusammengebracht werden können.

Zur Vermeidung von Wohnungsleerstand zogen im ersten Halbjahr 2013 insgesamt 58 Haushalte heranwachsender Flüchtlinge, im Alter ab 19 Jahren, in die Alte Heimat ein. Betreut und beraten wurden sie vom ersten Tag an von der Sozialpädagogin Laura Käser, mittels einer Sprechstunde im ASZ [Alten Service Zentrum], jeweils montags von 17-20 Uhr. Ergänzend führte sie Hausbesuche durch und nahm an den Gremien im Stadtteil teil (u.a. REGSAM, AHA*).

Da sie über kein eigenes Büro verfügte, arbeitete sie zusätzlich in der Zentrale des Amtes für Wohnen und Migration, um Ämter zu kontaktieren, Sachverhalte zu dokumentieren etc. Schwerpunktthemen der jungen Flüchtlinge waren von Beginn an: Einzug, Wohnen, Ausbildung, Kontakte zum Jobcenter und Alltagsangelegenheiten.

Die anfänglich distanzierte Vorsicht der Bestandsbewohner/innen in der Alten Heimat konnte durch gemeinsame Veranstaltungen (Brunnenfest, Weihnachtsfeier) sowie tägliche Begegnungen auf der Straße und sozialpädagogische Vermittlung bei den (wenigen) auftretenden Nachbarschaftskonflikten abgebaut werden. Die Gemeinschaft der jungen Flüchtlinge wuchs kontinuierlich an und veränderte sich in der Zusammensetzung. Zum 1.8.2016 bestanden die 58 Haushalte aus 90 Personen, davon 9 Familien mit ein oder zwei Kindern. Hinzu kamen zwei Alleinerziehende und 40 Singles.

Die Beratungsthemen hatten sich entsprechend verschoben, hin zu: Familiennachzug, Familiengründung, Spracherwerb nachgezogener Partner. Um für Mütter mit Kindern besser erreichbar zu sein, wurde die vorübergehende Anmietung eines Raumes zur Einrichtung eines Beratungsbüros beschlossen, welches seit April 2017 existiert. Zur Unterstützung kam eine zweite Sozialpädagogin, Tanja Rittaler, hinzu.

Durch den 2016 beschlossenen Abriss der Häuser in der Zschokkestraße und der randständigen Häuserzeilen im Kiem-Pauli-Weg ab Ende 2019 kam eine neue Herausforderung hinzu: Durch Umzüge von Mietern wurden, zur Vermeidung von Leerstand, dem Amt für Wohnen und Migration, leerwerdende Wohnungen zur Zwischennutzung bis Ende 2019 angeboten. Auch hier werden nun junge, erwachsene Flüchtlinge untergebracht, die sich in Ausbildung, Schule oder dauerhafter Erwerbstätigkeit befinden. Sie werden vom neuen Büro aus beraten und betreut.

Insgesamt bleibt festzuhalten, dass das Projekt „Wohnen und Integration junger Flüchtlinge in der Alten Heimat" ein erfolgreiches Beispiel dafür darstellt, wie unterschiedliche Zielgruppen, Kulturen und Altersstufen durch sozialraumorientierte Integrationsarbeit in der Kooperation von pädagogischen Fachkräften, Ehrenamtlichen und aktiven Bewohnern und Bewohnerinnen, erfolgreich zusammengebracht werden können.

Florian Fritz

* *REGSAM: Regionales Netzwerk für soziale Arbeit in München*
AHA: AHA – Alte Heimat Arbeitskreis

Florian Fritz
Fachbereichsleiter
Sozialpädagoge

Flüchtlingsberatung

v. l. n. r.:
Tanja Rittaler
Sozialpädagogin

Laura Käser Hayden
Sozialpädagogin

Tina Grangl
Pförtnerin mit Sonderaufgaben

Érika Montes Souza
Sozialpädagogin

Sozialpsychiatrischer Dienst Laim

Der folgende Text entstand aus einem Gespräch mit *Uta Kesting*.

Frau Kesting leitet seit acht Jahren den Sozialpsychiatrischen Dienst (SpDi) Laim unter der Trägerschaft der Caritas München. Der SpDi bietet einen Beratungsdienst für Menschen in Lebenskrisen, für Menschen mit psychischen Erkrankungen und deren Angehörige und Freunde.

Ein lang und sträflichst vernachlässigtes Gebiet.

Als Einsatzteam ist der SpDi am Krisendienst der Psychiatrie beteiligt und besucht Betroffene vor Ort in ihren Wohnungen. Persönlich hat Frau Kesting nur wenig Kontakt zur Siedlung, sie verfolge aber die aktuellen Entwicklungen über den AHA – Alte Heimat Arbeitskreis und das Koordinationsgremium mit.

Der Arbeitskreis wertet die Siedlung entschlossen auf.

Besonders spannende Themen seien dabei die Herausforderungen der stetig wachsenden Interkulturalität, sowie der Wandel der Altersstrukturen. Wo bisher hauptsächlich der Gerontopsychiatrische* Dienst zuständig war, dürfte in Zukunft auch der SpDi stärker eingebunden werden. Im Zuge dessen gäbe es bereits die Idee zu einer Vortragsreihe in der Siedlung, um die Bewohnerinnen und Bewohner auf den SpDi aufmerksam zu machen und über psychische Erkrankungen zu informieren.

Uta Kesting
Leitung des SpDi Laim
Sozialpädagogin

Den Arbeitskreis beschreibt sie als absolut faszinierendes Projekt, das für die Toleranz und Solidarität der Siedlung steht und das „lang und sträflichst vernachlässigte Gebiet" entschlossen aufwertet.

* *Gerontopsychiatrie*: *Psychiatrie des Alters*

Lebenshilfe München

Das Ziel ist es, die Bewohner_innen so zu unterstützen, dass sie ihren Alltag weitestgehend selbstständig bewältigen können

Der folgende Text entstand aus einem Gespräch mit *Petra Loncar*.

Seit 1999 arbeitet Frau Petra Loncar in der Wohnstätte der Lebenshilfe München im Kiem-Pauli-Weg. Aktuell leben hier elf Frauen und Männer mit geistigen Behinderungen, im Alter zwischen 28 und 54 Jahren.

Das Ziel ihrer Arbeit ist es, die Bewohnerinnen und Bewohner so zu unterstützen, dass sie ihren Alltag weitestgehend selbstständig bewältigen können.

Frau Loncar nutzt den Arbeitskreis als Austauschplattform und ist immer wieder darüber erstaunt, wie stark die Bewohnerinnen und Bewohner der Wohngruppe in der Siedlung vernetzt sind, was auch der Arbeit des Arbeitskreises zu verdanken sei.

Um die Bewohner_innen der Wohngruppe noch besser zu integrieren bräuchte es jedoch noch mehr Unterstützung, auch durch ehrenamtliche Helferinnen und Helfer, die sich regelmäßig mit den Bewohner_innen der Wohnstätte beschäftigen wollen. Gerade bei größeren Veranstaltungen sind die Unsicherheiten und Hemmschwellen sonst oftmals zu groß.

Petra Loncar
Mitarbeiterin

Josef Röger
Mitarbeiter

ASZ Laim Alten- und Servicezentrum
der AWO - Arbeiterwohlfahrt München Kreisverband e.V.

Viele Mieterinnen und Mieter nutzen die vielfältigen Angebote des Hauses

Seit 1981 ist das Alten- und Servicezentrum Laim (ASZ Laim) im Herzen der Stiftungssiedlung Alte Heimat für die Laimer Senior_innen Senioren tätig. Da sich das Haus in unmittelbarer Nachbarschaft befindet, ist es naheliegend das viele Mieterinnen und Mieter die vielfältigen Angebote des Hauses nutzen. Die Arbeit wird vom Sozialreferat der Landeshauptstadt München bezuschusst.

Der Stationäre und preisgünstige Mittagstisch, interessante Vorträge zur Gesundheit und anderen Themen, jahreszeitliche Feste und die psychosoziale Beratung sind nur einige Beispiele aus der breiten Angebotspalette.

Als sich abzeichnete, dass die Stiftungssiedlung dringenden Sanierungsbedarf hat und auch teilweise Neubauten entstehen werden, beantragte das ASZ in Kooperation mit dem Sozialbürgerhaus, dass die Stiftungssiedlung im Rahmen der REGSAM-Aktivitäten* zu einem Schwerpunktgebiet mit besonderem Handlungsbedarf ausgewählt wurde. Aus dieser Projektarbeit wurden der Alte Heimat Arbeitskreis und der Nachbarschaftstreff des Jane Addams Zentrums entwickelt. Dass die Mieter_innen in die Veränderungsprozesse der Stiftungssiedlung einbezogen und

* REGSAM: *Regionales Netzwerk für Soziale Arbeit in München*

daran beteiligt werden, war und ist Herzensanliegen der Mitarbeiterinnen und Mitarbeiter des ASZ.

Nachbarschaftstreffs gibt es mittlerweile viele in München, dass aber ein Treff eingerichtet wurde, der die Mieter_innen während eines Planungs- und Bauprozesses unterstützt und begleitet, ist ein Novum, das beispielhaft ist.

Da der Nachbarschaftstreff direkt im ASZ verortet ist, sind gute Voraussetzungen für eine enge und gute Kooperation gegeben und es ist eine wertvolle und kooperative Zusammenarbeit entstanden. Dies zeigt sich nicht nur beim seit 2012 jährlich stattfindenden Brunnenfest am 01. August, sondern vor allem in der Lösung der Alltagsprobleme z.B. der Lösung von Platzproblemen des räumlich eigentlich viel zu knapp bemessenen Nachbarschaftstreffs.

Das ASZ dankt für die gute Zusammenarbeit und wünscht dem Alte Heimat Arbeitskreis und dem Jane-Addams-Zentrum für Ihren wichtigen Beitrag bei der Gestaltung der Veränderungsprozesse der Stiftungssiedlung und der dort wohnenden Senior_innen viel Kraft und eine glückliche Hand.

Für das ASZ-Team J.-Peter Pinck

v. l. n. r.:
Tanja van Löchtern
Sozialpädagogin

Emine Günes
Hausorganisation

J.-Peter Pinck
Einrichtungsleitung

Martin Unger
Sozialpädagoge

Marion Riese
Verwaltungskraft

161

PSB Laim Psychosoziale Betreuung
der AWO - Arbeiterwohlfahrt München Kreisverband e.V.

Ein konstruktives und vertrauensvolles Miteinander

Die Psychosoziale Betreuung (PSB) der Arbeiterwohlfahrt München Kreisverband e.V., gefördert durch die Landeshauptstadt München, ist seit 1985 in der Stiftungssiedlung Alte Heimat verortet und zuständig für die Belange der Mieter_innen über 60 Jahre. Ausgehend von einem vermehrten Unterstützungsbedarf der Mieterschaft, die sich aus überwiegend älteren Menschen zusammensetzte, wurden dem Thomas-Wimmer-Haus und der Stiftungssiedlung Mitarbeiter_innen der AWO zur Seite gestellt.

Die Siedlung veränderte sich im Zuge der Zeit. Mit den Münchner_innen aus der Nachkriegszeit bewohnen mittlerweile Menschen aus über 15 Nationen, die das Schicksal von Flucht und Vertreibung teilen, die Alte Heimat.

Zwischen den Mieter_innen und der PSB entwickelte sich im Laufe der Jahre ein konstruktives und vertrauensvolles Miteinander. Die Menschen in der Alten Heimat meistern die Herausforderungen mit Offenheit, Mut und Selbstvertrauen; sie dabei zu begleiten und zu unterstützen, im Verbund mit anderen Organisationen, ist uns ein gemeinsames und zentrales Anliegen.

Elisabeth Painta, seit 1991 Sozialpädagogin in der PSB:
„Die vielen Jahre mit den Mieter_innen haben mich reich an Lebensgeschichten, Erlebnissen und Erfahrungen gemacht. Gemeinsam haben wir Alltagsprobleme, Konflikte, Verluste und Feste erlebt und dabei ist viel Nähe und Verbundenheit entstanden. Für mich ist die Alte Heimat ein gelungenes Beispiel für ein offenes und nachbarschaftliches Miteinander in der Vielfalt des Menschseins."

Carina Grulich, seit 2015 Sozialpädagogin in der PSB:
„Mich beeindrucken die vielen kleinen Nachbarschaften hier, die sich nicht nur gegenseitig im Alltag unterstützen, sondern auch Zeit miteinander verbringen und nicht weg sehen, wenn jemand Hilfe braucht. Sie bilden eine nahezu friedliche Gemeinschaft, die sich vor allem im mittlerweile traditionellen Brunnenfest und in der Barbarafeier, zeigt."

Sabine Reinecke, seit April 2017 Sozialpädagogin in der PSB:
„Bei einem ersten Spaziergang ist die Stiftungssiedlung vielleicht nicht sofort die ganz große Liebe. Verwitterte Häuser und Baugerüste verschleiern das Juwel in diesen Straßen. Wer einen zweiten Blick riskiert und den Kontakt zu den Menschen hier sucht, wird feststellen können, dass es um eine tiefe emotionale Bindung geht. An allen Enden ist die historische Bedeutung sichtbar, der ehemalige Oberbürgermeister Thomas-Wimmer bleibt unvergessen."

Elisabeth Painta /Carina Grulich/Sabine Reinecke

v. l. n. r.:

Carina Grulich

Sabine Reinecke

Elisabeth Painta

Sozialpädagoginnen

Pfarrverband Laim
Zu den Hl. Zwölf Aposteln

Der folgende Text entstand aus einem Gespräch mit *Frau Gammel*.

Frau Gammel ist studierte Theologin und Germanistin. Seit 2008 ist sie als Pastoralreferentin mit den besonderen Schwerpunkten Koordination der Senioren- und diakonische Arbeit, im Pfarrverband Laim tätig. Seitdem kennt sie auch die Alte Heimat.

Frau Gammel nimmt wahr, dass in der Siedlung ein starkes Gemeinschaftsgefühl vorhanden ist, was bei anderen Siedlungen nicht in dem Ausmaß der Fall sei. Sie ist der Meinung, dass die gemeinsame Geschichte der Bewohner und die erlebte Nachkriegszeit eine große Rolle für den guten Zusammenhalt spielen würden.

Seit die GEWOFAG zuständig ist, wohnen ihrer Meinung nach mehr Personen mit unterschiedlichen Geschichten und „Problemlagen" in der Siedlung. Nach ihren Beobachtungen habe sich das Gemeinschaftsgefühl dadurch verschlechtert. So wären Menschen in die Alte Heimat hinzugezogen, die aus ihrem „eigentlichen" Stadtteil wegziehen mussten, da die dortigen Häuser mit ihren alten Wohnungen, abgerissen wurden. Diese Bewohner hätten oft Schwierigkeiten sich in der Alten Heimat heimisch zu fühlen. Sie hätten keinen Anschluss gefunden und seien dadurch in eine Krise gekommen.

Zudem spiele es eine Rolle für das Gemeinschaftsgefühl, dass die Geschichte der Alten Heimat zunehmend verloren gehe, da es immer weniger „alte" Bewohner_innen gibt. Das Alten- und Service-Zentrum und der Sozialdienst im Thomas-Wimmer-Haus hätten das Gemeinschaftsgefühl aber wieder verbessert.

Frau Gammel nimmt auch wahr, dass sich wenige Bewohner der Alten Heimat selbst am Rande der Gesellschaft fühlen. Bei den Senioren habe sie beobachtet, dass sie oft sehr wenig Rente beziehen und einen Anspruch auf Leistungen hätten. Diesen nähmen sie jedoch nicht wahr, da sie gerne ein sehr bescheidenes Leben führten, und stolz darauf seien, dass sie ihr Leben ohne Unterstützung meistern können und überhaupt sehr gerne in der Alten Heimat leben.

Laut Frau Gammel nähmen Personen, die außerhalb der Alten Heimat wohnen, diese eher nicht gesondert war. Sie hat die Erfahrung gemacht, dass viele gar nicht wüssten, wo sich die Alte Heimat befindet und was die Alte Heimat ist.

Viele der Bewohner_innen wollen ihren Anspruch auf Leistungen nicht wahrnehmen und kommen mit ihrer geringen Rente aus.

Birgit Gammel
Pastoralreferentin

Die Hausmeisterin
und einige ihrer
Anekdoten aus dem Thomas-Wimmer-Haus

Meine jüngere Tochter hatte mal eine Reserve-Omi im Haus. Die hat sie regelmäßig besucht und mit ihr gemalt und gebastelt. Die Dame hat meiner Tochter viele lustige, aber auch zum Nachdenken anregende Geschichten aus ihrem Leben erzählt. Manchmal musste ich sogar raufgehen und sie holen - so hat sie die Zeit mit dieser netten, alten Dame vergessen. Leider ist sie vor etwa 4 Jahren gestorben. Wir vermissen Sie sehr...

Als meine Mädels noch jünger waren, sind sie zu Halloween durch Haus gegangen und haben mit einigen Mietern „Süsses oder Saures" gespielt. Das war sehr lustig.

Ein zweiseitiges Erlebnis hatte ich mit einer anderen Dame, Gott hab sie selig...
Sie hatte damals wohl nicht bemerkt, dass sich ein Schwelbrand in Ihrer Küche entwickelte. Der aufmerksame Nachbar von gegenüber holte uns. Ich alarmierte sofort die Feuerwehr. Mein Mann und ich klingelten Sturm bei ihr und bumperten stark gegen die Wohnungstüre. Die Frau hörte schlecht, deshalb hatte sie an die Tür geschrieben „Bitte fest klingeln, bin schwerhörig!!" Nach einigen Minuten öffnete sie die Tür einen kleinen Spalt. Die Rauchschwaden drangen durch die Öffnung. Sie sagte zu meinem Mann, in einer für ihn beängstigend ruhigen Stimme: „Ich kann jetzt keinen Besuch empfangen. Ich habe nicht aufgeräumt...". „Sie müssen aus der Wohnung raus, sonst ersticken Sie!!!" entgegnete mein Mann etwas panisch. „Nein...nein..." meinte sie in ihrer unerschütterlichen Ruhe. „Da passiert scho nix..." Inzwischen

war auch die alarmierte Feuerwehr eingetroffen. Die Dame, mittlerweile von den Männern aus ihrer Wohnung geholt, durch nichts aus der Ruhe zu bringen, meinte: „Mei, lauter große starke Männer. Da fühl i mi glei total sicher…"
Während die Dame im Krankenhaus versorgt wurde, konnte die Wohnung gleich etwas entrümpelt werden. Und die Moral von der Geschicht': Es gibt nix Schlechts wos ned für irgendwos guad is…

Ein Herr, leider auch bereits verstorben, hat sich zum Brotzeitmachen gerne in den Garten gesetzt und dabei die Eichhörnchen gefüttert. Die saßen teilweise auf seiner Hand. Und er gab ihnen auch Namen: eins hieß Bene, eins Sepp, die Zenze und der Theo war a dabei. Auch für Mieter, die er nicht leiden konnte, hatte er Spitznamen: Einer hieß Wambo, weil er stark übergewichtig war. Eine Taube-Kalli, weil sie die Tauben fütterte, ein Pärchen waren die siamesischen Zwillinge.

Und dann noch die Geschichte, von unserem Pärchen aus dem 7. Stock, die sich gefunden haben, weil er sich nach ihrem Unfall in der Burgkmairstraße, ganz rührend um sie gekümmert hat.
So süß…

Astrid Berg

Es gibt nix Schlechts wos ned für irgendwos guad is…

Astrid Berg
„unerschütterliche" Hausmeisterin
im Thomas-Wimmer-Haus

Beratender Architekt

für den AHA - Alte Heimat Arbeitskreis

Im Sommer 2013 wurde ich gebeten, eine anspruchsvolle Aufgabe zu übernehmen.

Es sei eine beratende Tätigkeit, kein Amt und keine politische oder Repräsentations-Aufgabe. Im Jahr zuvor war ich als Geschäftsführer der städtischen Stadterneuerungsgesellschaft MGS nach 10 Jahren in den Ruhestand gegangen. Von 1990 bis 2002 war ich ehrenamtlicher Stadtrat in München und auf Grund meines Berufes als Architekt vor allem für Stadtentwicklung und Wohnen zuständig.

Mit diesem Rucksack im Gepäck stellte ich mich beim AHA-Arbeitskreis in Laim vor und fand von Beginn an einen von Sympathie getragenen, vertrauensvollen Zugang zu den Vertreter_innen der Alte Heimat-Mieter. Sie bauen wichtige Brücken zwischen der Mieterschaft und der Landeshauptstadt München.

Nach meiner Erfahrung von Jahrzehnten ist dieses Projekt „Sanierung und Neubau in der Stiftungssiedlung Alte Heimat" eine der komplexesten und anspruchsvollsten Stadtentwicklungsaufgaben, die ich kennen gelernt habe.

Das Stiftungsziel von 1959, Wohnungen für bedürftige Münchnerinnen und Münchner zu errichten, für Kriegsheimkehrer und lange in München ansässige Menschen, soll in Einklang gebracht werden mit einer aktuellen städtebaulichen

Entwicklung, die zu höheren Baudichten und gemischter Bewohnerstruktur führen wird.

Um das im Konsens zum Erfolg zu führen, alte Ziele zu ändern und neue zu beschließen, bedarf es ein hohes Maß an Abstimmung und Kooperationsbereitschaft zwischen allen Beteiligten. Das sind neben Kreisverwaltungsreferat, GEWOFAG, AHA, auch weitere städtische Referate und besonders die Politik in Stadtrat und Bezirksausschuss, wo die Entscheidungen fallen.

In den gemeinsamen Jour Fixes von Kreisverwaltungsreferat, GEWOFAG und dem AHA, an denen ich als „beratender Architekt" des AHA häufig teilnehme, kommt der Wille zur Kooperation deutlich zum Ausdruck. Es macht mir Freude, mit allen Beteiligten offen und unverstellt für den gemeinsamen Projekterfolg zu arbeiten. Wobei das Pionierhafte an dieser Entwicklungsmaßnahme ist, dass zwar die städtebaulichen Grundzüge geklärt, aber in der Umsetzung noch vieles offen ist, worauf der AHA weiter Einfluss nehmen wird.

Und diese aktive Begleitung ist für Jahre notwendig, denn die Veränderung der Stiftungssiedlung Alte Heimat unter Berücksichtigung der Bedürfnisse der angestammten Mieter ist eine Aufgabe, die bis ins Ende des nächsten Jahrzehnts reichen wird.

Meine Aufgabe als fachkundiger Berater des AHA nehme ich dabei sehr gerne wahr.

Helmut Steyrer

In den gemeinsamen Jour Fixes [...] kommt der Wille zur Kooperation deutlich zum Ausdruck.

Nach meiner Erfahrung von Jahrzehnten ist dieses Projekt [...] eine der komplexesten und anspruchsvollsten Stadtentwicklungsaufgaben, die ich kennen gelernt habe.

Helmut Steyrer
Dipl. Ing. Architekt

Zeitungsartikel - Planungen und Aussichten

Etwas neuere Heimat ©Abendzeitung München vom 26.02.2016 / Linda Jessen

... Der Charakter der Alten Heimat, das ist den Trägern besonders wichtig, soll erhalten bleiben. Kommunalreferent Axel Markward spricht von einer „Sanierung mit Augenmaß". [...] Damit wollen Stadt und Gewofag sicherstellen, dass die Bewohner ihren Bedürfnissen entsprechend versorgt und umgesiedelt werden können. In Einzelgesprächen wird geklärt, wer bleiben mag und wer bei der Gelegenheit vielleicht lieber woanders hinzieht.

Bis auf das Thomas-Wimmer-Haus ist die gesamte Alte Heimat von den Maßnahmen betroffen.

...

Laim. Auf die Tube gedrückt ©Süddeutsche
Zeitung vom 15.09.2016 / Birgit Lotze

Die Verdichtung und Erneuerung der Siedlung Alte Heimat am östlichen Ende Laims soll nicht wie geplant im Jahr 2025, sondern bereits zwei Jahre früher vollendet sein. [...] Mit dem Neubau am Parkplatz an der Ecke Hans-Thonauer-Straße und Kiem-Pauli-Weg und den zwei geplanten Gebäuden unmittelbar nördlich und westlich des Alten- und Service-Zentrums soll nun gleichzeitig begonnen werden. Von 2018 bis Ende 2019 sollen dort 88 altengerechte Wohnungen, eine Kindertagesstätte, der Quartierstreff und eine Tiefgarage entstehen.

Laim. Ein Quartier wird neu sortiert ©Süddeutsche
Zeitung vom 19.09.2016 / Andrea Schlaier

... Die Mitglieder des Kommunalausschusses der Stadt haben die Umsetzung des Städtebaulichen Entwicklungskonzepts einstimmig beschlossen. In der weitläufigen Anlage entstehen 200 zusätzliche Wohnungen durch Aufstockungen und Neubauten. [...]

"Der Ablauf des Projekts war bislang erfreulich, denn die Bewohnerinnen und Bewohner sowie der Bezirksausschuss wurden in die Planungen einbezogen [...]", kommentierte die Laimer Stadträtin Alexandra Gaßmann (CSU) [...] "Wir wünschen uns auch während der Sanierungs- und Bauphasen ein offenes Ohr der Verwaltung."

Laim.
Startschuss in der
Alten Heimat ©Süddeutsche Zeitung
vom 23.01.2017 / Ands

... Im Frühjahr beginnt die Sanierung [...] Dort sollen insgesamt 363 Mietwohnungen instandgesetzt werden. [...] Die ersten Neubauten entstehen voraussichtlich 2018. 2023 soll alles fertig sein. Statt der bisherigen 604 Wohnungen gibt es dann 826 Einheiten - die neu entstandenen Apartments sind barrierefrei, größer, 120 auch familiengerecht. [...] Für die groß angelegte Sanierung [...] stellt der Freistaat etwa 110 Millionen Euro an Fördermitteln zur Verfügung. Der Anteil der Stadt beläuft sich damit auf 30 Millionen Euro. ...

171

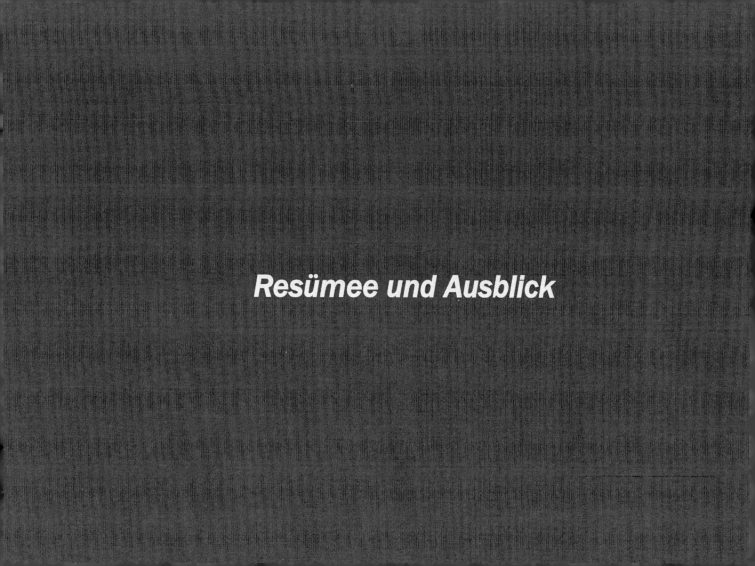

Resümee und Ausblick

Nachwort der
Herausgeberinnen und der Projektleitung

„Ohne Räume keine Träume" - diese Sozialarbeiter_innen-Weisheit, die Herr Stummvoll (Leiter Amt für Wohnen und Migration) in seinem Beitrag zitiert, kann um die Umkehrung ergänzt werden: „Ohne Träume keine Räume."

„Ohne Räume keine Träume"
Räume werden gebaut, damit Menschen ein Zuhause und Treffpunkte haben. Das sind Orte, die den Menschen einen Platz in der Gesellschaft geben und damit Raum für ihre Träume.

„Ohne Träume keine Räume."
Träume sind gleichzeitig die Basis im Entstehungsprozess eines Raumes. Denn der Entwurf einer/s Planer_in oder einer/s Architekt_in entsteht im Entwurfsprozess aus seiner oder ihrer Phantasie...

Letztlich ist es eine wechselseitige Beziehung dazwischen einen Raum zu gestalten und in einem Raum zu handeln - einen Raum zu träumen und zu träumen im Raum. Wie schön ist dann doch die Vorstellung, dass beim Entwurf der Räume, Planer_in und spätere/r Nutzer_in, beide „Träumer_innen", zusammenarbeiten.

Im Fachjargon nennt sich das zum Beispiel Partizipation, Beteiligungskultur oder Integrierte Stadtentwicklung. Natürlich ist das in Planungsprozessen nicht immer umsetzbar, manchmal gar nicht erwünscht. Denn Räume müssen oft flexibel sein, einen Nutzungswandel ermöglichen, was die Komplexität der Planung erhöht. Doch es lohnt sich, auch über gemeinsam gestaltete Prozesse nachzudenken, herauszufinden, wann sie sinnvoll sind.

Räume können Inklusion fördern oder verhindern. Inklusion ist ein aktiver Begriff, der aus Teilen ein Ganzes machen kann. Die Mieter_innen der Siedlung Alte Heimat haben dies begriffen: In ihrem eigenen Arbeitskreis (AHA) setzen sie sich für Verbesserungen der Lebensqualität ein. Gemeinsam stellen sie sich Zukunftsfragen, wie die nach der Anpassung der Siedlungssatzung an den Wohnbedarf eines wachsenden Münchens. Für Barrierefreiheit engagieren sie sich beispielhaft und erfolgreich, sowohl in ihrer Siedlung, als auch in der Stadtgemeinschaft. Sie setzen sich mit Planern und Verwaltung auseinander und fragen, wie die zukünftig geplanten Wohnungen für Familien flexibel gestaltet werden können oder wie ein Quartierstreff für Menschen im Rollstuhl und auch für Kinder und Heranwachsende attraktiv sein kann. Sie fordern, dass sie rechtzeitig in Planungsprozesse einbezogen werden. Nur so können Sie eigene, konkrete Ziele für ihre Nachbarschaft formulieren und sich gewinnbringend in die Planung mit einbringen.

In der Entwicklung der Alten Heimat zur Neuen Alten Heimat hat sich der gemeinsame Prozess als sinnvoll erwiesen. Wir hoffen, dass weiterhin partizipativ geplant wird und die verschiedenen Fachkreise auch in Zukunft von der Kommunikation in der Alten Heimat werden lernen können

Hester Butterfield, Bettina Pereira und Lena Kruse

Zitate von Bewohner_innen
- Wünsche

Ich wünsche mir...

...eine Begegnungsstätte, wo man sich zufällig treffen kann, wo man vorbei geht und jemanden sitzen sieht um dann dazu zu stoßen - anders als beim Essen im ASZ, zu dem man sich anmelden muss, das organisiert ist.

...dass der Kontakt, der meist nur zwischen den älteren Bewohner der Siedlung entsteht, sich auch auf die Jüngeren überträgt.

...dass die Begrünung so bleibt, wie sie ist.

...dass die Leute hier ruhig und glücklich wohnen können.

...dass durch gemeinsame Veranstaltungen, wie das Brunnenfest früher, die Bewohner Kontakt zueinander aufbauen, um die Zusammengehörigkeit zu fördern.

...dass die Siedlung auch zukünftig allgemein bedürftigen und behinderten Menschen ein Zuhause gibt.

...dass die Bewohner die Siedlung wertschätzen.

Abbildungsverzeichnis

Seite 8: Foto: Oberbürgermeister Dieter Reiter © Rathaus München

Seite 11 Foto: Bettina Pereira © Lucia Pereira

Seite 13: Foto: Lena Kruse © Angelika Kruse

Seite 27: Foto: Benefizveranstaltung `Galanacht in der Manege` © SZ-Photo

Seite 29: Foto: Alte Heimat © Josef Stöger

Seite 37: Foto - Fritz Neuwirth © Süddeutsche Zeitung Grafik, in: Süddeutsche Zeitung Nr. 311, Dezember 1961

Seite 39-41: Stiftungssatzung © Kommunalreferat München

Seite 49: Foto: REGSAM-Workshop 2012 © REGSAM-Archiv

Seite 55: Foto: Hände © Elisabeth Painta

Seite 61: Foto: Fahrrad-Reparatur-Service © Lars Jakobeit

Seite 62: Fotos: Community Organizing © Lucia Pereira und Georgia Diesener

Seite 143: Foto: Alexandra Gaßmann © Victoria Gaßmann

Seite 158: Foto: Uta Kesting © REGSAM-Archiv

Seite 161: Foto: AWO - ASZ-Team Laim © Josef Stöger

Seite 163: Foto: AWO - PSB-Team Laim © Josef Stöger

Die Fotos wurden von Lena Kruse bearbeitet. Ausgenommen davon ist das Foto `Galanacht in der Manege` © SZ-Photo auf Seite 27 und das Foto von Fritz Neuwirth © Süddeutsche Zeitung Grafik auf Seite 37.

Alle weiteren Fotos oder Darstellungen wurden von Lena Kruse aufgenommen oder erstellt.

Quellenverzeichnis:

SZ - Süddeutsche Zeitung, Nr. 311 (12.1961)

SZ - Süddeutsche Zeitung, 9./10.09.1961

Kommunalreferat: Eckdaten zur Wohnstiftung Alte Heimat und Satzung der Jubiläumsstiftung der Münchner Bürgerschaft Alte Heimat

Hans Dollinger (2007): Die Münchner Straßennamen, Südwest Verlag, Marbach, S. 166